INDICATEUR-BRACKE

# GUIDE DU VOYAGEUR

## PROMENEUR, BAIGNEUR, TOURISTE

## EN FRANCE ET A L'ÉTRANGER

# PARIS & LONDRES

## EXPOSITION UNIVERSELLE

CONTENANT :

**MILLE RENSEIGNEMENTS UTILES**

SUR PARIS, LONDRES ET LEURS ENVIRONS
CHEMINS DE FER
VOITURES, OMNIBUS, BATEAUX A VAPEUR, ETC. ETC.

HUIT JOURS DANS CES DEUX VILLES
LE PALAIS DE CRISTAL ET L'EXPOSITION
LE TOUR DE FRANCE ALPHABÉTIQUE, ETC. ETC.

**L'EUROPE A VOL D'OISEAU**

**Prix : 40 cent.**

PARIS
CHEZ L'ÉDITEUR, RUE LAMARTINE, 34
DANS LES LIBRAIRIES DES CHEMINS DE FER
ET CHEZ PALIS, PLACE DE LA BOURSE, 15

LONDRES
A L'ENTRÉE DU PALAIS DE L'EXPOSITION
CHEZ M. ONHYN, 1, CATHERINE STREET, STRAND
ET CHEZ LES LIBRAIRES FRANÇAIS ET ÉTRANGERS

CHEMINS DE FER DE L'OUEST — GARE SAINT-LAZARE

# EXPOSITION DE LONDRES

## Service à grande vitesse

DE

# PARIS A LONDRES

## Par DIEPPE et NEWHAVEN

## TRAINS SPÉCIAUX DE MARÉE

Départs tous les matins (le dimanche excepté)

**DURÉE MOYENNE DU VOYAGE : 12 HEURES**

MOIS DE JUIN 1862.

**Service de PARIS à LONDRES.**

| DATES. | DÉPART de PARIS. | DÉPART de DIEPPE. | ARRIVÉE à LONDRES | DURÉE du VOYAGE. |
|---|---|---|---|---|
| | H. M. | H. M. | H. M. | H. M. |
| 2 Lundi.... | 8 » mat. | 12 » jour | 7 35 soir | 11 35 |
| 3 Mardi.... | 8 » — | 12 » — | 7 35 — | 11 35 |
| 4 Mercredi. | 8 » — | 12 » — | 7 35 — | 11 35 |
| 5 Jeudi.... | 9 50 — | 1 50 soir | 9 35 — | 11 45 |
| 6 Vendredi. | 9 50 — | 1 50 — | 9 35 — | 11 45 |
| 7 Samedi.. | 11 » — | 3 » — | 10 30 — | 11 30 |
| 9 Lundi ... | 6 30 — | 10 30 mat. | 6 45 — | 12 15 |
| 10 Mardi.... | 7 20 — | 11 20 — | 7 50 — | 12 30 |
| 11 Mercredi. | 8 20 — | 12 25 jour | 8 55 — | 12 35 |
| 12 Jeudi.... | 9 30 — | 1 30 soir | 10 10 — | 12 40 |
| 13 Vendredi. | 9 50 — | 1 50 — | 10 20 — | 12 30 |
| 14 Samedi.. | 6 30 — | 10 30 mat. | 6 15 — | 11 45 |
| 16 Lundi.... | 8 » — | 12 » jour | 7 35 — | 11 35 |
| 17 Mardi.... | 8 » — | 12 » — | 7 35 — | 11 35 |
| 18 Mercredi. | 9 30 — | 1 30 soir | 9 » — | 11 30 |
| 19 Jeudi.... | 9 50 — | 1 50 — | 9 35 — | 11 45 |
| 20 Vendredi. | 9 50 — | 1 50 — | 9 35 — | 11 45 |
| 21 Samedi.. | 11 » — | 3 » — | 10 30 — | 11 30 |
| 23 Lundi ... | 6 30 — | 10 30 mat. | 6 45 — | 12 15 |
| 24 Mardi.... | 7 20 — | 11 20 — | 7 50 — | 12 30 |
| 25 Mercredi. | 8 20 — | 12 25 jour | 8 55 — | 12 35 |
| 26 Jeudi ... | 8 20 — | 12 25 — | 8 55 — | 12 35 |
| 27 Vendredi. | 9 30 — | 1 30 soir | 10 10 — | 12 40 |
| 28 Samedi .. | 9 50 — | 1 50 — | 10 20 — | 12 30 |
| 30 Lundi ... | 7 » — | 11 » mat. | 6 30 — | 11 30 |

**Service de LONDRES à PARIS.**

| DATES. | DÉPART de LONDRES | DÉPART de DIEPPE. | ARRIVÉE à PARIS. | DURÉE du VOYAGE. |
|---|---|---|---|---|
| | H. M. | H. M. | H. M. | H. M. |
| 2 Lundi.... | 7 55 mat. | 3 50 soir | 7 30 soir | 11 35 |
| 3 Mardi.... | 9 » — | 4 50 — | 8 30 — | 11 30 |
| 4 Mercredi.. | 9 40 — | 5 20 — | 9 » — | 11 20 |
| 5 Jeudi.... | 10 20 — | 6 10 — | 9 50 — | 11 30 |
| 6 Vendredi. | 12 10 jour | 8 10 — | 11 50 — | 11 40 |
| 7 Samedi... | 12 50 — | 8 40 — | 12 20 nuit | 11 39 |
| 9 Lundi.... | 9 » mat. | 6 10 — | 9 50 soir | 12 30 |
| 10 Mardi.... | 9 45 — | 6 50 — | 11 30 — | 12 45 |
| 11 Mercredi. | 10 55 — | 8 10 — | 11 50 — | 12 55 |
| 12 Jeudi.... | 11 40 — | 8 40 — | 12 20 nuit | 12 40 |
| 13 Vendredi. | 6 25 — | 2 50 — | 6 30 soir | 12 5 |
| 14 Samedi .. | 7 » — | 2 50 — | 6 30 — | 11 30 |
| 16 Lundi ... | 9 » — | 4 50 — | 8 30 — | 11 30 |
| 17 Mardi.... | 9 40 — | 5 20 — | 9 » — | 11 20 |
| 18 Mercredi. | 10 20 — | 6 10 — | 9 50 — | 11 30 |
| 19 Jeudi.... | 10 55 — | 6 50 — | 10 30 — | 11 35 |
| 20 Vendredi. | 12 20 jour | 8 10 — | 11 50 — | 11 30 |
| 21 Samedi .. | 7 10 mat. | 3 50 — | 7 30 — | 12 20 |
| 23 Lundi ... | 9 » — | 6 10 — | 9 50 — | 12 50 |
| 24 Mardi.... | 9 45 — | 6 50 — | 10 30 — | 12 45 |
| 25 Mercredi. | 11 10 — | 8 10 — | 11 50 — | 12 40 |
| 26 Jeudi.... | 11 20 — | 8 10 — | 11 50 — | 12 30 |
| 27 Vendredi. | 6 15 — | 2 35 — | 6 15 — | 12 » |
| 28 Samedi .. | 6 25 — | 2 50 — | 6 30 — | 12 5 |
| 30 Lundi.... | 7 55 — | 3 50 — | 7 30 — | 11 35 |

VOYAGE SIMPLE : 1re cl., 35 fr.; 2e cl., 25 fr. — ALLER ET RETOUR : 1re cl., 62 fr. 50 c.; 2e cl. 45 fr.
— 3me CLASSE, 18 fr. 75 c. — 3me CLASSE, 37 fr. 50 c.

Les Billets sont valables pour tous les Trains, avec arrêt facultatif à ROUEN, DIEPPE et NEWHAVEN. Sept jours sont accordés pour accomplir le trajet entre Paris et Londres. — Les Billets ALLER et RETOUR sont valables pendant un mois.

**A PARIS**....... Gare Saint-Lazare, rue d'Amsterdam, 13.
Place du Palais-Royal, 2.
Rue de la Paix, 7.......................

**A DIEPPE**....... Quai Henri IV, bureau des Paquebots....

**A NEWHAVEN**. Quai des Paquebots......................

**A LONDRES**... 4, Arthur street East City ..............
London Bridge Terminus.
Victoria Station.

(Rue de la Paix, 7; Quai Henri IV; Quai des Paquebots; 4, Arthur street East City :) Bureau de M. BOSSON, Agent général des Compagnies.

Service de nuit, départs tous les soirs, le Dimanche excepté (1re, 2me et 3me classe).

1862

Aspect qu'auront nos Parisiens en revenant de l'Exposition universelle de Londres 1862

# INDICATEUR-BRACKE

# PARIS & LONDRES

## ILLUSTRÉS

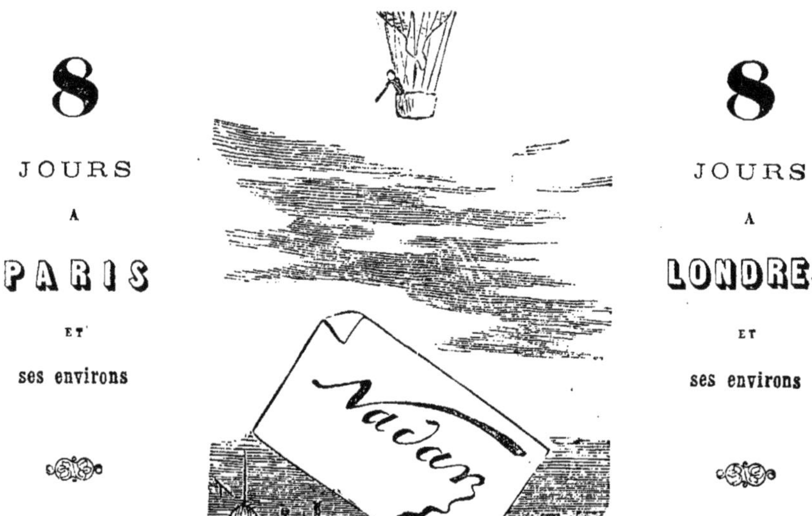


**8** JOURS A **PARIS** ET ses environs

**8** JOURS A **LONDRES** ET ses environs

Paris est divisé en 20 arrondissements, qui portent les dénominations suivantes :

1. Du Louvre;
2. De la Bourse;
3. Du Temple;
4. De l'Hôtel-de-Ville;
5. Du Panthéon;
6. Du Luxembourg;
7. Du Palais-Bourbon;
8. De l'Elysée;
9. De l'Opéra;
10. De l'Enclos-Saint-Laurent;
11. De Popincourt;
12. De Reuilly.
13. Des Gobelins;
14. De l'Observatoire;
15. De Vaugirard;
16. De Passy;
17. De Batignolles-Monceaux;
18. Des Buttes-Montmartre.
19. Des Buttes-Chaumont.
20. De Ménilmontant.

L'administration générale de la correspondance télégraphique est située rue de Grenelle-Saint-Germain, 103. Les bureaux divers sont : Hôtel-de-Ville ; caserne du Prince-Eugène; rue St.-Lazare, 126; Bd Sébastopol (R. G.), 47; av. des Ch.-Elysées, 67; rue de l'Entrepôt; rue J.-J. Rousseau, 9; gares du Nord et d'Orléans; Hôtel du Louvre.

La direction des postes est rue J.-J. Rousseau, 9. Les divers bureaux sont : A. Rue Tirechappe, 1; Hôtel-de-Ville; rue Saint-Antoine, 170; rue de la Ste-Chapelle, 13. — B. Bd Beaumarchais, 95; Faub. St-Antoine, 174; bd Mazas, 19. — C. Rue des Vieilles-Audriettes, 4 et 6; rue d'Ang.-du-Temple, 48; rue Nve-Bourg-l'Abbé, 4; bd St-Martin, 6. — D. Rue Ste-Cécile, 2; rue du Fb-St-Martin, 166; rue Lafayette, 8; gare du Nord. — E. Rue de Sèze, 24; rue du Fb-St-Honoré, 75; rue de Chaillot, 3. — F. Rue St-Dominique-St-Germain, 56; Petite-Rue du Bac, 5; rue St-Dominique, 148 (au Gros-Caillou). — G. Rue de Seine, 13; rue Mazarine, 12 et 14. — H. Rue Cardinal-Lemoine, 22; à la Salpêtrière, bd de l'Hôpital; rue Mouffetard, 173; rue de la Harpe, 42; à la gare d'Orléans. — J. Place de la Bourse, 4; rue d'Antin, 9. — K. Rue Bourdaloue, 51; rue St-Nicolas-d'Antin, 8; rue de Londres, 30. — L. Rue de Vaugirard, 19; rue de Bourgogne, 2. — M. Rue de l'Echelle, 5.

# LES EXPOSITIONS NATIONALES

La création des chemins de fer a changé la face de toutes choses, et depuis, chaque pays voit sa richesse, sa puissance, le bien-être de ses habitants s'accroître, pour ainsi dire, à vue d'œil.

Les expositions de l'industrie et des arts, d'abord nationales et bornées aux frontières d'un pays, ont donc pu s'élargir et devenir universelles. Les prohibitions n'existent plus dans le tarif douanier, rien ne s'oppose plus à ce que les expositions universelles se multiplient indéfiniment.

De 1798 à 1855, douze expositions nationales ont eu lieu, dont une exposition universelle. Il est utile de connaître le nombre progressif des exposants à chacune de ces solennités. Cette statistique curieuse est un thermomètre qui révèle avec exactitude les développements de l'industrie.

| Années des expositions. | Nombre des exposans. | Années des expositions. | Nombre des exposans. |
|---|---|---|---|
| 1798 | 110 | 1827 | 1,695 |
| 1801 | 220 | 1834 | 2,447 |
| 1802 | 5.0 | 1839 | 3,281 |
| 1806 | 1,422 | 1844 | 3,960 |
| 1819 | 1,662 | 1849 | 4,532 |
| 1823 | 1,762 | | |

Enfin l'Exposition universelle de 1855 à Paris comptait environ 25,000 exposants.

Aussitôt après l'Exposition universelle de Londres, qui commence le 1er mai et doit attirer dans la capitale de la Grande-Bretagne un grand nombre d'étrangers, nous aurons en France une Exposition qui nous donnera son contingent de producteurs, de promeneurs, de voyageurs et de touristes.

L'idée de cette Exposition universelle et permanente, à Paris, est aujourd'hui un fait accompli. L'Empereur a bien voulu donner à ce projet l'appui de son auguste approbation. LL. EE. les ministres du commerce et des finances ont accordé les diverses autorisations nécessaires à sa bonne exécution. Tous les producteurs peuvent assurer à leurs articles des emplacements au palais de l'Exposition permanente, au moyen d'un prix de location annuelle de 30 fr. par mètre carré pour les produits, et de 15 fr. par mètre de superficie murale pour les tableaux indicateurs. Cet immense palais, qui sera construit dans des conditions de grandeur inouïes, permettra de donner satisfaction à toutes les demandes.

Nous en reparlerons dans une autre édition de notre Indicateur, édition qui sera tout à fait spéciale à cette Exposition universelle permanente.

Aussitôt arrivé à Paris, on trouve, 15, place de la Bourse, chez M. Palis, fondateur-directeur depuis 22 ans du grand bureau des copistes pour la mise au net. en écriture ordinaire très-correcte, de notes, mémoires, consultations, engagements, actes sous-seing privé, lettres, pétitions, placets, devis de travaux, états de lieux, rapports sur les projets de chemins de fer, pièces de théâtre, manuscrits de sciences pures ou appliquées, etc. ; Autographie de notes, précis, mémoires, lettres, rapports, dessins, etc., pour adresser aux membres des grands corps de l'Etat à l'Institut, aux juges, aux ministres, etc. ; livrés en douze heures ; des Dessinateurs pouvant, même sur des indications verbales, exécuter, réduire avec précision les dessins de machines à vapeur ou autres, les plans de propriétés à vendre ou à louer, les tracés de parcours de chemins de fer, etc. ; des Rédacteurs pour articles de journaux, mémoires, circulaires, résumés, analyses d'ouvrages scientifiques, poésies ou autres ; pétitions, demandes de brevets d'invention, placets, lettres, prospectus, réclames, critiques, apologies, soit pour composer, soit pour réviser le style ou corriger l'orthographe ; des Traducteurs assermentés de toutes langues pour circulaires, prospectus, ouvrages scientifiques, actes de naissance, de décès, etc. ; des Employés à l'heure ou à la journée, pour écrire à domicile et sous dictée, rédiger, copier des manuscrits, traduire ou dessiner. (Ils se rendent dans les hôtels garnis.) Ces employés font aussi, pour les savants de la province, des recherches scientifiques et généalogiques, copies, analyses, extraits de manuscrits anciens et modernes et de livres des bibliothèques de la capitale. L'administration procure des secrétaires particuliers ou de voyage, d'une éducation et d'une tenue parfaites, connaissant plusieurs langues, qui lui sont demandés pour la France et étranger. Écrire franco.

Treaty with France, international relations. Any English person coming to Paris or having notes designs, plans, sections, or any written work to send to France, will find at *M. Palis, office des copistes, place de la Bourse, n° 15, Paris*, active and intelligent copists, composers of petitions or applications for patents, draughtsmen designers, translators in any language, editors. — Cleks are sent, if convenient, to write under the applicant's dictation at his hotel, literary, scientific or industry works. — All translations from the english into french ot from the french into english. To literary or scientific men, of an unexceptionable discretion, are carefully industred, in case of need, the revision or correction of literary or scientific works, poetry, plays, romances, novels, travels, etc. — Monsr Palis treats with residents in England by prepaid letters. — Established 21 years. — Observe : 15, place de la Bourse, Paris.

**AVANCES DE FONDS** pour dégager les marchandises déposées au Mont-de-Piété, aux Docks et sous-comptoirs, pour en procurer la vente.

**S'adresser à M. A. WORMS, 17, place Royale, 17, à PARIS.**

UNE SEMAINE

**A PARIS**

VISITE

**OF PARIS**

DIMANCHE. — Visiter le *Louvre* et ses magnifiques musées, dans lesquels on remarque les superbes galeries de peinture, de sculpture et d'antiquités, qui renferment dans leur sein les chefs-d'œuvre des plus grands maîtres. — *Arc de triomphe du Carrousel.* — *Colonne* de la place *Vendôme*, surmontée par une belle statue de l'Empereur. — *L'obélisque de Louqsor*, érigé au milieu de la place de la Concorde, qui est sans contredit la plus belle place du monde. — Faire une promenade dans les *Champs-Elysées*, et arriver jusqu'à l'*arc de triomphe de l'Etoile*, chef-d'œuvre de sculpture et d'architecture élevé sous le règne de Napoléon Ier. Cette œuvre monumentale est d'une sévérité et d'une richesse de style très-remarquables. Arrivé à ce point, le visiteur se trouve en face de la porte *Maillot*, qui conduit au bois de *Boulogne*, lequel est près de l'*Hippodrome*, où chaque dimanche des troupes célèbres d'écuyers donnent de charmantes représentations pleines d'intérêt. — *Chapelle de Saint-Ferdinand*, remarquable par le nombre de riches tableaux qu'elle possède.

LUNDI. — Aller voir le palais du *Corps Législatif*, situé à l'extrémité du pont de la *Concorde*. — Le palais du quai d'*Orsay*, superbe édifice construit d'après les données du style toscan et corinthien. — *L'hôtel* de la *Légion d'honneur*. — L'*Ecole des beaux-arts*, qui fournit chaque année à la France une vigoureuse pépinière de jeunes sculpteurs et de jeunes architectes pleins d'avenir. — *L'hôtel des Monnaies*, vaste édifice qui a reçu dans ses magnifiques ateliers d'importantes et de superbes machines pour accélérer et faciliter le travail. — *L'église Saint-Germain-des-Prés*, rue Bonaparte, qui est l'une des plus anciennes de Paris. Ses trois clochers et son autel à la romaine sont remarquables. — De là on peut se diriger vers *l'église Saint-Sulpice*, grand et beau monument dont Anne d'Autriche a posé la première pierre. Ses deux tours sont belles de sculpture, et son portail est cité comme une merveille en son genre.

SUNDAY. — Visit the *Louvre* and its magnificent museums, where will be found superb galleries of pictures, sculptures and antiquities, comprising the chefs-d'œuvre of the great masters. — *Triumphal arch of the Carrousel.* — Column in the *place Vendôme* surmounted by a fine statue of the Emperor. — The *obelisk of the Louqsor* erected in the middle of the place de la Concorde, which is withe out dispute the finest *Place* in the world. — Take a walk in the *Champs-Elysées*, and as far as the *Arc de triomphe de l'Etoile*, a master piece of scupture and architecture, built under the reign of Napoleon Ier. This monumental building is of a very remarkable severity and richness of style. On reaching this point the visitor finds himself opposite the *Porte-Maillot* which leads into the *Bois de Boulogne*; he is also close to the Hippodrome, where the most interesting representations take place every Sunday by first rate equestrian performers. — Chapel of Saint-Ferdinand, remarkable for the number of rich pictures it contains.

MONDAY. — Visit the Palace of the *Corps Législatif* situated at the extremity of the *Pont de la Concorde*; Palace of the *Quai d'Orsay*, a superb edifice constructed in the Tuscan and Corinthian style; the hotel of the Legion d'Honneur; the *Ecole des Beaux-Arts*, which every year furnishes France with a numerous supply of young sculptors and architects; the *Hôtel des Monnaies*, Mintf a spacious building which contains in its extensive workshops the newest and finest machinery for facilitating the operations therein carried on; the Church of *Saint-Germain-des-Prés* in the streetof that name which is one or the oldest in Paris. Its three towers and its altar in the Roman style, are very remarkable; the Church of *Saint-Sulpice* a large and handsome building, the first stone a which was laid by Anne of Austria; its two towers are finely sculptured and the portal is cited as a wonder of its kind.

MARDI. — Commencer sa journée par une visite au palais du *Luxembourg*, construit par Marie de Médicis, régente de France. Il a été élevé sur le modèle du palais Pitti de Florence. Il se distingue surtout par la beauté de ses proportions, sa parfaite symétrie et sa solidité. Ses magnifiques jardins offrent de délicieuses promenades. — Le *Palais de justice* et la *Sainte-Chapelle*. Construit à différentes époques, le *Palais de justice*, considéré dans son ensemble, offre des parties empreintes de l'architecture de divers siècles et de différents ordres. — Le *Palais-Royal*, avec son jardin, ses galeries et ses théâtres. — La *Bibliothèque impériale*, renfermant le dépôt des richesses scientifiques et littéraires. — L'*hôtel* de la *Bourse*, exécuté par les architectes Brongniart et Labarre, en 1808. On considère la *Bourse* comme un des plus superbes monuments de la capitale. — L'*église Notre-Dame de Lorette*, jolie et mignonne bonbonnière pleine de grâce et de coquetterie.

TUESDAY. — Commence the day by a visit to the palace of the Luxembourg, built by Marie de Medicis, regent of France. It is constructed on the model of the Pitti palace at Florence, and is particularly distinguished by the beauty of its proportions, its perfect symetry and its solidity. Its magnificent gardens afford delightful walks. — The *Palais de Justice* and the *Sainte-Chapelle*. Built at different periodes, the *Palais de Justice* considered in its *ensemble* presents specimens of the architecture of different ages and of different orders. — The *Palais-Royal* with its garden, its galleries, and its theatres. The *Imperial Library*, containing the most valuable scientific and literary works. The hotel de la Bourse (Stock Exchange) built by the architects Brogniart and Labarre in 1808. The Bourse is considered as one of the handsomest buildings in the capital. Church of *Notre-Dame de Lorette*, a small but splendidly decorated building, full of grace and elegance.

MERCREDI. — Diriger sa course vers le *Conservatoire des arts et métiers*, fondé en 1794, par la Convention nationale. Quatorze pièces, galeries, vestibules ou salles contiennent les différents objets de ce précieux dépôt de science et d'utilité publique. — *Hôtel de Cluny*, situé rue des Mathurins-Saint-Jacques, est un des monuments les plus complets qui restent du moyen âge. Les ornements extérieurs de cet hôtel se font remarquer par la délicatesse et la légèreté des sculptures. — Le *Panthéon*, aujourd'hui rendu au culte, commencé en 1757, est un de nos magnifiques temples modernes, et le premier en son genre. — L'*église Saint-Etienne du Mont*. L'intérieur a de belles peintures.

WEDNESDAY. — Proceed to the *Conservatoire des Arts et Métiers*. founded in 1794 by the National Convention. Fourteen rooms and galleries contain the different objects of this precious depot of science and public utility. *Hôtel de Cluny* in the rue des Mathurins-Saint-Jacques, is one of the most complete monuments of the middle ases now remaining. The external embellishments of this building are remarkable for the lightness and delicacy of their sculpture. The *Panthéon* lately restored to divine worship was commenced in 1757; it is one of our most magnificent modern temples, and the finest of its kind. Church of *Saint-Etienne du Mont*, containing some very handsome paintings.

JEUDI. — On peut aller visiter le *puits de Grenelle*, commencé en 1836 par l'ingénieur Mullot. — L'*hôtel des Invalides* et le *tombeau de Napoléon Ier*. — Le *musée d'Artillerie*, rue Saint-Thomas-d'Aquin, est une riche collection d'armes de guerre de tous pays, antiques et modernes. — L'*Hôtel de ville*, vraie merveille de sculpture. — *Notre-Dame* avec ses deux tours majestueuses et si anciennes.

THURSDAY. — Visit the artesian well of Grenelle, commenced in 1836 by the engineer Mulot. The *Hôtel des Invalides* and the tomb of Napoléon Ier. — Museum of the artillery, rue Saint-Thomas-d'Aquin, where there is a fine collection of the warlike weapons of all countries ancient and modern. The *Hôtel de Ville*, remarkable for its sculpture. The cathedral of *Notre-Dame*, with its two majestic and venerable towers.

VENDREDI. — L'*église Saint-Vincent-de-Paul*, mérite l'attention des voyageurs. — La *gare monumentale* du chemin de fer de Strasbourg, s'ouvrant à l'extrémité du boulevard qui porte ce nom. — L'*abattoir* de *Popincourt*, digne du plus grand intérêt. — Le *Cimetière du Père-Lachaise*, le plus grand et le plus somptueux des trois cimetières conservés par la ville de Paris. — La *place du Trône*, monument qui se compose de deux colonnes érigées en 1688. — La *colonne de Juillet*, sur la place de la *Bastille*, inaugurée en 1840. Du haut de ce svelte et superbe monument on jouit d'une magnifique et lointaine perspective.

SAMEDI. — Courez au *Jardin des Plantes*, et si vous êtes artiste, flâneur, homme de science ou rêveur, vous aurez largement de quoi remplir toute votre journée. — Le *Muséum* et ses richesses. — La *galerie* des singes, et la visite de tous les animaux. — La superbe manufacture des *Gobelins*, où se confectionnent ces merveilleux tissus dont le fini et la richesse sont au-dessus de tout éloge. — Et, enfin, le palais des *Tuileries*.

FRIDAY. — The church of *Saint-Vincent-de-Paul* merits the attention of strangers. The handsome terminus of the Strasbourg railway, opening on the extremity of the new bulwark which has just been formed. The Slaughter-houses of Popincourt worthy of general attention. The cemetery of *Père-Lachaise* the largest and the handsomest of the three burying grounds of the city of Paris. The *Barrière du Trône*, monument composed of two handsome columns erected in 1688. The column of July on the *Place de la Bastille*, inaugurated in 1840. From the top of this light and superb pillar, a magnificent view over Paris and the environs is obtained.

SATURDAY. — Proceed to the *Jardin des Plantes*, and, whether artist, lounge, or man of science you will find enough to occupy your attention for the whole day with the museum and its rich collections; the monkey's gallery and the enclosure of all the other animals. The superb manufactory of the Gobelins, the splendid tapestry of which needs no commendation, and latly the Palace of the Tuileries.

## CURIOSITÉS, MONUMENTS, ÉTABLISSEMENTS PUBLICS

DESSERVIS PAR LES OMNIBUS

Les étrangers peuvent visiter tous les jours les monuments suivants : le *Palais de justice* et la *Sainte-Chapelle*; la colonne de *Juillet* et la colonne *Vendôme;* l'arc de triomphe du *Carrousel*, l'arc de triomphe de *l'Étoile;* toutes les *églises* de Paris; la *Bourse;* le *Jardin des Plantes;* les *bibliothèques* de la capitale, excepté les dimanches et les jours de fête; le *palais du Luxembourg;* le *palais du Corps Législatif*. On peut visiter toutes les pièces de ces deux palais aux heures où les corps constitués de l'Etat ne tiennent point leurs séances.

Tous les jeudis et les dimanches, de midi à trois heures, on peut, sans permission et moyennant un don volontaire aux guides, visiter tous les hospices et hôpitaux de la capitale.

Sur une permission accordée par M. le *préfet de la Seine*, on peut aller voir tous les jours l'*Hôtel de ville*. — Pour visiter les *Tuileries*, il faut la permission de M. le *gouverneur du palais*. — M. le *ministre d'Etat* délivre des permissions pour aller visiter les manufactures de *Sèvres* et la *Sainte-Chapelle*. — Il faut s'adresser à M. le *gouverneur des Invalides*, pour obtenir l'autorisation de visiter cet hôtel et le tombeau de Napoléon Ier. — Pour voir l'*hôtel des Monnaies*, s'adresser à M. le président de la commission des monnaies et des médailles. — Pour visiter l'*Imprimerie impériale* et toutes ses dépendances, à M. le directeur de l'Imprimerie. — Pour visiter *Vincennes*, s'adresser à M. le commandant de l'artillerie du premier arrondissement. — Avec la présentation du passe-port, on peut visiter la riche et magnifique manufacture des *Gobelins*, l'*hôtel de Cluny*, le *Musée d'Artillerie*, le *Muséum* du *Jardin des Plantes*. On peut visiter le palais de l'*Institut*, le palais des *Beaux-Arts* et le palais du quai d'*Orsay*, en s'adressant au concierge.

Strangers may visit every day the following places : the *Palais de Justice* and the *Sainte-Chadelle;* the Colu nn of July and that in the place Vendôme, the Triumphal Arches of the *Carrousel* and *Barrière de l'Étoile;* all the churches of Paris, the *Bourse;* the *Jardin de Plantes;* the Libraries of the capital, except on Sundays and fete days; the palace of the Luxembourg, and that of the *Corps Législatif*. All the rooms in the two last mentioned palaces may be seen at the hours when the constituted bodies of the state are not sitting; and all the public Promenades, Cemeteries, etc.

All the Hospitals and arm-houses of the capital may be visited every Thursday and Sunday from 12 3 o'clock without permission and by giving a trifling fee to the guides.

The *Hôtel de Ville* may be seen every day whti a permission granted by the Prefect of the Seine. In order to visit the Tuileries it is necessary to have permission from the governor of the palace. The minister of state gives permissions to visit the manufactories of Sèvres and the *Sainte-Chapelle*. It is necessary to apply to the governor of the Invalides or authorization to visit the Hotel and the tomb of Napoleon Ier. To see the mint apply to the President of the commission : of coins and medals. To visit the imperial printing office and its dependencies, application must be made to the Director. To visit *Vincennes* apply to the commandant of the artillery of the I[s] arrondissement. The rich magnificent manufactory of the *Gobelins*, the Hôtel de Cluny, the Museum and the Museum of the *Jardin des Plantes* may be seen on pressenting passports. The Palais de l'Institut, the Palais des Beaux-Arts and the Palais du quai d'Orsay may be seen by applying to the concierge.

---

Toutes les promenades publiques, les squares et les cimetières méritent d'être vus par l'étranger qui a le temps.

Les étrangers peuvent aller aux archives de l'Empire en prenant les lignes FO-TAD. — La Banque de France, FXI. — La Bibliothèque Impériale, H-FXI. — La Caisse des dépôts et consignations, HXYAD. — La Caisse d'épargne, F-VYXI. — La Caisse d'escompte, V-EYJI. — Le Crédit foncier, X-E.F.AB.AC. — Le Crédit mobilier, AC,D.X. —

Panthéon. — Notre-Dame.

Le Château-Rouge, JMI. — Le Collége de France, K-JZAG,G. — Le Cirque Napoléon, EDO,AE. — Le Cirque de l'Impératrice, BC-DR.AB. — Le conseil d'Etat, HXY.AD. — Le Conservatoire, A.-et-M., DLT.AE,AG-EKNY. — La Cour des Comptes, HXY. AD. — L'Ecole des Beaux-Arts, V-H.AD. — L'Ecole de Droit, J, A, AG. — L'Eglise Notre-Dame (cath.), GL-JKUI,AG. — La Madeleine, E,D,AB,B, AF,F,AC,B. — N.-D. de Lorette, H,B,J-AC,I. — Le Panthéon, J,AF-AG,K. — Ste-Clotilde, ZY,AD, AF. — St-Nicolas-des-Ch., DLT-K.AG. — St-Roch, D,G-X,AC. — Ste Chapelle, AG,K,J-I,AD.V,O. — Val-de-Grâce, J-AF,AG. — St-Vincent-de-Paul, V. ACBTK.

Les embarcadères des chemins de fer de St-Germain, Versailles et Normandie, BFX-G. AF. — Nord et Belgique, VK.AC. — De Strasbourg et embarcadère de l'Est, AG,BKL. — De Lyon et Méditerranée, S-R. — D'Orléans, Corbeil et Centre, T-GU par le Jardin des Plantes. — De l'Ouest, Versailles et Bretagne, OV. — De Sceaux et Orsay, J.AG,AF. — La Halle au blé, FY-DJUVI. — La Halle aux huîtres (ou parc), D-FJKU. — Les Halles centrales, U,D,J,F-K. — L'Hôtel de Cluny, JKZ,AG. — L'Hôtel des Invalides, ZV-AD. — L'Hôtel des Monnaies et Musée, V-O-AD. — L'Hôtel des Postes, Y-FJNUVI. — L'Hôtel-de-Ville, O,Q,R,S,T,U-G,L, AD. — L'Imprimerie impériale, FOT,AD. — Le Jardin du Luxemb., HO.AG,AF-IZJ. — Le Jardin des Plantes et Ménageries, GUT. — Le Jardin des Tuileries, ACHRXY-DG.AF,AC. — Le Jardin d'Acclimatation, C.

Aux Ministères des Affaires étrangères, 130, rue de l'Université, Y-AF,AD. — De l'Agriculture, Commerce et Travaux publics, rue St-Dominique, 62, Trav. publ., Y-XZ, rue de Varennes, 78; Comm.

Hôtel de Ville.

et Agr., Z,AD,AF. — Ministère d'Etat et Maison de l'Empereur, place du Carrousel, HXY,R,A.C, et Palais-Royal. — Des Finances, rue de Rivoli, ACR-D.AC.X. — De la Guerre, rue St-Dominique-St-Germ. hôtel, 90, bureaux, 86, Y.AF,Z.AF. — De l'Instruction publique et Cultes, rue Grenelle-St-Germain, 110, Z.AD,AF.Y. — De l'Intérieur, rue de Grenelle-St-Germain, 101, Z.AD-XY.AF. — De la Justice, place Vendôme, 13, AC.DX-ACR. — De la Marine, rue Royale-St-Honoré et à la fin de la rue de Rivoli, AF.AC.ACR-BDEF.AB.

Aux Monts-de-Piété, F-OT.AD, rue Bonaparte, V-II-AD.

Aux Musée et dépôt d'artillerie, XY-MHZ-AF,AD. — Ecole des B.-Arts, V-H,AD. — Louvre, CGQRSV-AD,HXY. — Du Luxembourg, HO-KLZ.AG,AF. — A l'hôtel des Monnaies, V-O.AD. — De Cluny, JKZ,AG. — D'Histoire naturelle, GU-T. — A l'Observatoire (astronomie), AG.J.

Aux Palais de l'Elysée-Napoléon, BDR.AB-C. — De la Bourse, F,V,I.AB-E,H,J,Y. — Du Corps-Législatif, AF-YA. — De l'Industrie nationale, ABC-DR.AB. — De l'Institut, V-OHAD. — De la Légion-d'honneur, HYX,AD,AF. — Du Luxembourg, HO-KLZ,AG,AF. — D'Orsay, HXY,AD. — Des Thermes (antiq.), JKZ.AG. — Au parc de Monceaux, F,M,D.AB. — A la Préfecture de la Seine, OQR-STU-GLAD. — De police, JKO.AD,I,AG-VGL. — Aux Puits artésien de Grenelle, XZ. — De Passy, AB. — Au Timbre et enregistrement (administration). V-FNI. — A la Tour St-Jacques, LRS-GJKOQT.AD,AG,U. — Au Tribunal de Commerce, place de la Bourse, FVI, AB-EHJY.

## THÉATRES, CIRQUES
### CONCERTS ET BALS PUBLICS

**OPÉRA**, rue Le Peletier. Les lundis, mercredis et vendredis. Opéras et ballets.
**FRANÇAIS**, rue Richelieu. Tragédies, comédies, drames.
**OPÉRA-COMIQUE**, place Boïeldieu. Op.-comiques.
**ODÉON**. Tragédies, comédies, drames, vaudevilles.
**ITALIEN**, place Ventadour. Le mardi, le jeudi et le samedi. Opéras.
**VAUDEVILLE**, place de la Bourse. Comédies mêlées de chant.
**VARIÉTÉS**, boulevard Montmartre. Vaudevilles.
**GYMNASE**, boulevard Bonne-Nouvelle. Vaudevilles, comédies.
**PALAIS-ROYAL**, au Palais-Royal. Vaudevilles, comédies.
**PORTE-SAINT-MARTIN**, boulevard Saint-Martin. Vaudevilles, drames.
**GAITÉ**, boulevard du Temple. Vaudevilles, drames, féeries.
**AMBIGU-COMIQUE**, boulevard Saint-Martin. Drames, féeries.
**LYRIQUE**, boulevard du Temple. Opéras-comiques, drames lyriques.
**DÉJAZET**, boulevard du Temple. Opérettes.
**BOUFFES-PARISIENS**, passage Choiseul. Opérettes
**DÉLASSEMENTS**, r. de Provence. Opérettes bouffes
**BEAUMARCHAIS**, boulevard Beaumarchais. Vaudevilles, comédies.
**LUXEMBOURG**, r. de Fleurus. Drames, vaudevilles.
**CIRQUE NAPOLÉON**, boulevard des Filles-du-Calvaire. Scènes équestres.
**CIRQUE IMPÉRIAL**, boulevard du Temple. Pièces militaires.
**CIRQUE DE L'IMPÉRATRICE**, Champs-Élysées. Scènes équestres.
**THÉATRE DES CHAMPS-ÉLYSÉES**. Opérettes, comédies, vaudevilles. Charmante bonbonnière, en face le Cirque.
**FUNAMBULES**, boulevard du Temple. Pantomimes.
**THÉATRE DES JEUNES ÉLÈVES**, rue de La Tour-d'Auvergne.
Tous les théâtres des ex-banlieues de Paris.
**SOIRÉES FANTASTIQUES D'HAMILTON**, boulevard des Italiens. Prestidigitation, physique.
**MARIONNETTES LYRIQUES**, boulevard de Strasbourg, 17. Pièces féeries, etc.
**SÉRAPHIN**, passage Jouffroy. Tous les soirs, à 7 heures 1/2, marionnettes. Dimanches, fêtes et jeudis, représentation à 2 heures.
**HIPPODROME**, au bout de l'avenue de Saint-Cloud. — Tout à côté, avenue St-Denis, 57, se trouve le restaurant de l'Hippodrome où l'on dîne très-bien et à bon marché.
**DIORAMA HISTORIQUE**, avenue des Champs-Élysées.
**JARDIN ZOOLOGIQUE D'ACCLIMATATION**, au bois de Boulogne. Tous les jours.
**SALLE BARTHÉLEMY**, rue du Château-d'Eau, 20. Bals les mardis, jeudis, samedis et dimanches.
**SALLE VALENTINO**, rue Saint-Honoré, 359. Les dimanches, mardis, jeudis et samedis.
**CAFÉ DES AVEUGLES**. Pal.-Roy. scènes comiq.
**CLOSERIE DES LILAS**, Carref. de l'Observ., 1.
**CHATEAU DES FLEURS**, Champs-Élysées, rue des Vignes, 11.
**CHATEAU-ROUGE**, chaussée Clignancourt, à Montmartre.
**JARDIN MABILLE**, avenue Montaigne, 87.
**CONCERT MUSARD**, Champs-Élysées. Très-bon orchestre dirigé cette année par Arban.
**CASINO**, rue Cadet, bals concerts.
**CASINO D'ASNIÈRES**, bals, fêtes.
**LE CHALET DES ILES**, au bois de Boulogne, fêtes, régates, concerts. — Théâtre.
**LE PRÉ CATELAN**, concerts par Musard.
Le prix des places de ces théâtres varie beaucoup.

Les théâtres sont desservis par les lignes d'omnibus suivantes :

Pour le Grand Opéra, EH.AB-VJYI.AC. — Les Français, HDX-ACRQHY. — Les Italiens, FX-GH. — L'Opéra-Comique, EH.AB-GFVJ. — L'Odéon, H.AF-LOZ. — Le Gymnase, EY-VKTN. — La Porte-St-Martin, ELNTY-K.AE,AG. — Le Vaudeville, FVI,AB-EIIJY. — Le Palais-Royal (voir place du Palais-Royal). — Les Variétés, EV-IIJYI,AB. — Tous les Théâtres du boul. du Temple, EON-D, AE,AD.

A la hauteur des portes Saint-Denis ou Saint-Martin, prenant le boulevard Sébastopol en son entier, et en s'arrêtant au nº 92, visiter les magasins de bijouterie de la maison Aimé Quenet dont le PLAFOND-HORLOGE est sans pareil dans tout l'univers.

—

BATHS TIVOLI, 102, rue Saint-Lazare, Chaussée d'Antin. — Only establishment in the centre of Paris containing : *Hydrothérapic-Baths*, fountain water at 9 degrus; *Baths* and *Douches* of all xinds; *Mineral Waters*, *Furuished appartements*; *Healing-House*. Society-saloon, Billards, Galery's, newspapers, stable and Coach-house. Great, magnific and will shadowed garden.

Place du Palais-Royal.

Les Tuileries.

## Parcours des 31 Lignes d'Omnibus

**A.** — D'*Auteuil* au *Palais-Royal* (jaune), passant par le Trocadéro, le pont de l'Alma et la place de la Concorde.

**AB.** — De *Passy* à la *Bourse* (verte), passant par l'avenue de Saint-Cloud, la Madeleine, boulevard des Italiens.

**AC.** — De *la Petite Villette* au *Cours-la-Reine* (verte), passant par le chemin de fer du Nord.

**AD.** — Du *Château-d'Eau* au *pont de l'Alma* (verte), passant par la place du Châtelet, le Pont-Neuf, les Invalides.

**AE.** — De *Vincennes* aux *Arts et Métiers* (verte), passant par le Trône, la Bastille, le Cirque Napoléon, la porte Saint-Martin.

**AF.** — De la *Glacière* à la *place Laborde* (verte), passant par le Panthéon, Saint-Sulpice, la Madeleine.

**AG.** — De *Montrouge* au *chemin de l'Est* (brun foncé), passant par la fontaine Saint-Michel, le Châtelet.

**B.** — De *Chaillot* à *Saint-Laurent* (jaune), passant par les Champs-Élysées, le chemin de fer du Havre, Notre-Dame de Lorette.

**C.** — De *Courbevoie* au *Louvre* (jaune), passant par l'Arc de triomphe et la place de la Concorde.

**D.** — Des *Ternes* au *boulevard des Filles-du-Calvaire* (jaune), passant par la Madeleine, les Halles centrales, les Arts et Métiers.

**E.** — De la *Bastille* à la *Madeleine* (jaune), parcourant tous les boulevards.

**F.** — De la *Bastille* à *Monceaux* (brun foncé), passant par la place des Victoires, la Bourse, le chemin de fer du Havre.

**G.** — Des *Batignolles* au *Jardin des Plantes* (brun clair), passant par le Palais-Royal, le Louvre, le Châtelet.

**H.** — De *Clichy* à l'*Odéon* (jaune), passant par Notre-Dame de Lorette, le Palais-Royal, le Carrousel et Saint-Sulpice.

**I.** — De *Montmartre* à la *place Maubert* (verte), passant par le Casino, la Bourse, le Pont-Neuf, la fontaine Saint-Michel.

**J.** — De la *barrière des Martyrs* à la *barrière Saint-Jacques* (jaune), passant par les Halles, le Châtelet, le Luxembourg.

**K.** — De *la Chapelle* au *Collège de France* (jaune), passant par le chemin de fer du Nord, le Châtelet, la rue des Écoles.

**L.** — De *la Villette* à *Saint Sulpice* (jaune), passant par la porte Saint-Martin, Notre-Dame.

**M.** — De *Belleville* aux *Ternes* (jaune), parcourant tous les boulevards extérieurs.

**N.** — De *Belleville* à la *place des Victoires* (verte), passant par le Château-d'Eau et la place des Victoires.

**O.** — De *Ménilmontant* à la *chaussée du Maine* (verte), passant par la place du Châtelet, l'Odéon, Saint-Sulpice, le chemin de fer Ouest, rive gauche.

**P.** — De *Charonne* à la *Bastille* (jaune), passant par la Roquette.

**Q.** — Du *Trône* au *Palais-Royal* (jaune), passant par la Bastille, Saint-Paul, le Louvre.

**R.** — De *Charenton* au *faubourg Saint-Honoré* (verte), passant par la Bastille, le Châtelet, le Louvre.

**S.** — De *Bercy* au *Louvre* (jaune), passant par le boulevard Mazas et la place du Châtelet.

**T.** — De la *Gare d'Ivry* à la *place Cadet* (jaune), passant par le chemin de fer d'Orléans, le Jardin des Plantes, Notre-Dame, la porte Saint-Denis.

**U.** — De la *Maison Blanche* à la *pointe Saint-Eustache* (jaune), passant par le Jardin des Plantes, l'Archevêché, le Châtelet, les Halles.

**V.** — De la *barrière du Maine* au *chemin du Nord* (brun clair), passant par l'Institut, le Louvre, place des Victoires, la Banque, la Bourse, le Conservatoire.

**X.** — De *Vaugirard* à la *place du Havre* (jaune), passant par le Carrousel, le Palais-Royal, le chemin de fer de l'Ouest.

**Y.** — De *Grenelle* à la *porte Saint Martin* (brun clair), passant par le Champ de Mars, le Carrousel, le Palais-Royal, la Poste, la porte Saint-Martin.

**Z.** — De *Grenelle* à la *Bastille* (brun clair), passant par les Invalides, Saint-Sulpice, l'École de médecine.

COMMISSION

# PORCELAINES ET CRISTAUX

EXPORTATION

## F. DEMAESENER

**65, RUE NEUVE-DES-PETITS-CHAMPS, 65**

MENTION HONORABLE

SERVICES DE TABLE COMPOSÉS DE 100 PIÈCES A 45 FRANCS

**CAVES A LIQUEURS, CABARETS DEPUIS 20 FRANCS**

ARTICLES SPÉCIAUX POUR CAFÉS, HOTELS, RESTAURANTS ET GLACIERS

---

59, Faubourg Saint-Martin, 59
PARIS

50, Boulevard de Strasbourg, 50
PARIS

## RAIMOND

Fabricant

BREVETÉ S. G. D. G.

**CAVES ET PORTE-HUILIERS**

---

## CANAPÉ-LIT LEROUX

Breveté s. g. d. g. — **Paris. — 80, rue Montmartre, 80. — Paris** — Breveté s. g. d. g.

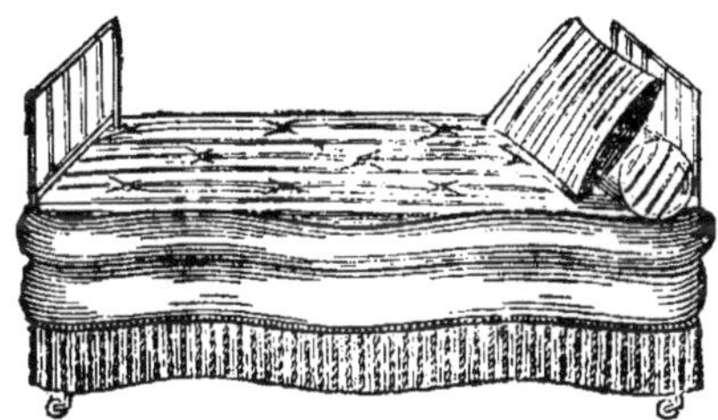

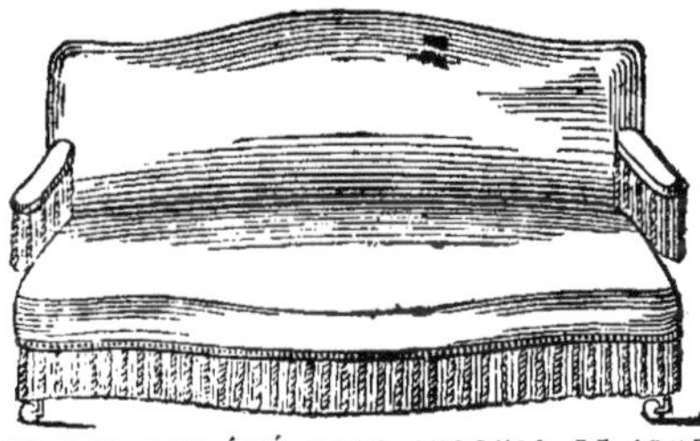

MEUBLE ÉLÉGANT, UTILE, ET LE PLUS SOLIDE QUI AIT ÉTÉ FAIT JUSQU'A CE JOUR

Contenant sa literie. — Tapis. — Literies. — Meubles. — Tapisseries

**FABRIQUE, 15, RUE SAINT-ANDRÉ, ET 93, RUE SAINT-SAUVEUR**

---

Médaille d'or 1856. FABRIQUE DE Médaille 2^e^ cl. 1855.

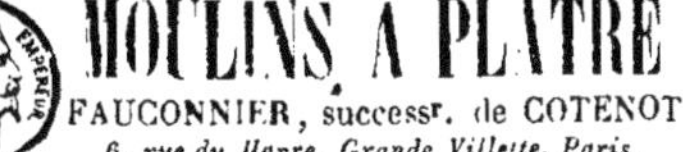

## MOULINS A PLATRE

FAUCONNIER, success^r^. de COTENOT

*6, rue du Havre, Grande Villette. Paris.*

Ci-devant rue de la Pépinière, 10.

---

## FABRIQUE SPÉCIALE D'ENSEIGNES

### LALOUETTE

**36, Boulevard du Temple, 36**

ÉCUSSONS, TABLEAUX, DRAPEAUX, STORES, PLATEAUX, ARMOIRIES, PANONCEAUX, ETC.

**PARIS**

---

## LES DOCKS DE LA PHOTOGRAPHIE

du Stéréoscope et des articles pour cartes de visite viennent de faire paraître le tarif de 1862 avec de véritables rabais (28 pages). Appareil 1/4, complet avec produits pour 100 portraits, 73 fr. avec emballage. Le tarif est envoyé FRANCO.

ALP. NINET, 24, rue Vieille-du-Temple, Paris.

## LE VOLEUR ILLUSTRÉ

Publié par M. de Bragelonne, paraît tous les vendredis et donne en prime à ses abonnés un *charmant porte-monnaie*, bijou qui représente la valeur de l'abonnement.

## TARIF DES VOITURES

| VOITURES DE PLACE | LA COURSE | L'HEURE | DE MINUIT 30 A 6 H. DU MATIN | |
|---|---|---|---|---|
| | fr. c. | fr. c. | la course | l'heure |
| A 2 places..... | 1 25 | 1 75 | 2 » | 2 50 |
| A 4 et 5 places. | 1 40 | 2 » | 2 » | 2 50 |

**Extérieur des fortifications**

Voitures à 2 places...... 2 fr. 50 c. l'heure.
— à 4 et 5 places.. 2 50 —

20 centimes pour un colis; deux colis, 40 centimes, trois et au-dessus, 50 centimes.

Indemnité de retour du bois de Boulogne, pour la course, 50 centimes. — De minuit à 6 h. du matin, 50 c. l'heure.

| VOITURES SOUS REMISE | LA COURSE | L'HEURE | DE MINUIT 30 A 6 H. DU MATIN | |
|---|---|---|---|---|
| | fr. c. | fr. c. | la course | l'heure |
| Calèches et Coupés | 2 » | 2 25 | 2 50 | 3 » |

**Extérieur des fortifications**

Calèches et Coupés......... 3 fr. l'heure.

Indemnité de retour du bois de Boulogne, pour la course, 75 centimes. — De minuit à 6 h. du matin, 75 c. l'heure.

## CALCULS TOUT FAITS

| TEMPS EMPLOYÉ | | VOITURES A 2 PLACES | | VOITURES A 4 PLACES | | VOITURES DE REMISES | |
|---|---|---|---|---|---|---|---|
| heur. | min. | fr. | c. | fr. | c. | fr. | c. |
| 1 | » | 1 | 75 | 2 | » | 2 | 25 |
| 1 | 5 | 1 | 90 | 2 | 15 | 2 | 45 |
| 1 | 10 | 2 | 5 | 2 | 30 | 2 | 65 |
| 1 | 15 | 2 | 20 | 2 | 50 | 2 | 85 |
| 1 | 20 | 2 | 35 | 2 | 70 | 3 | » |
| 1 | 25 | 2 | 50 | 2 | 90 | 3 | 20 |
| 1 | 30 | 2 | 65 | 3 | » | 3 | 40 |
| 1 | 35 | 2 | 80 | 3 | 15 | 3 | 60 |
| 1 | 40 | 2 | 95 | 3 | 30 | 3 | 75 |
| 1 | 45 | 3 | 10 | 3 | 50 | 3 | 95 |
| 1 | 50 | 3 | 25 | 3 | 65 | 4 | 15 |
| 1 | 55 | 3 | 40 | 3 | 85 | 4 | 30 |
| 2 | » | 3 | 50 | 4 | » | 4 | 55 |
| 2 | 5 | 3 | 65 | 4 | 15 | 4 | 70 |
| 2 | 10 | 3 | 80 | 4 | 35 | 4 | 90 |
| 2 | 15 | 3 | 95 | 4 | 50 | 5 | 10 |
| 2 | 20 | 4 | 10 | 4 | 65 | 5 | 25 |
| 2 | 25 | 4 | 25 | 4 | 80 | 5 | 45 |
| 2 | 30 | 4 | 40 | 5 | » | 5 | 65 |
| 2 | 35 | 4 | 55 | 5 | 15 | 5 | 85 |
| 2 | 40 | 4 | 70 | 5 | 30 | 6 | 5 |
| 2 | 45 | 4 | 85 | 5 | 45 | 6 | 20 |
| 2 | 50 | 5 | » | 5 | 60 | 6 | 40 |
| 2 | 55 | 5 | 15 | 5 | 75 | 6 | 60 |
| 3 | » | 5 | 25 | 6 | » | 6 | 75 |

Réveil-matin que l'on verra à l'exposition universelle permanente de Paris.

## ENVIRONS DE PARIS ALPHABÉTIQUES AVEC LEURS VOITURES

**Ablon.** 15 kil. de Paris, 300 h. — Chemin de fer d'Orléans.

**Arcueil.** 7 kil. de Paris, 3,000 h. — Gare de Sceaux ; voitures, rue Christine, 4 ; *Gondoles*, r. et pass. Dauphine, 16.

**Antony et Berny.** 14 kil. de Paris, 1,360 h. — Chemin de fer de Paris à Orsay.

**Arpajon.** — Chemin de fer de Sceaux : voitures, r. Dauphine.

**Argenteuil.** 14 kil. de Paris, 5,000 h. — Chemin de fer, pl. du Havre.

**Asnières.** 7 kil. de Paris, 1,800 h. — Chemin de fer de St-Germain ; *Omnibus* de Monceaux.

**Aubervilliers.** ou **Notre-Dame-des-Vertus**, 8 kil. de Paris, 3,200 h. — *Omnibus* et voitures à la Villette et gare du Nord.

**Aulnay.** 32 kil. de Paris, 2,000 h. — Chemin de fer de Corbeil.

**Auteuil.** 7 kil. de Paris, 6,200 h. — Voitures, rue du Bouloi, 9 ; chemin de fer pl. du Havre.

**Bagneux.** 8 kil de Paris, 1,200 h. — Voitures, rue Cristine et pl. Saint-Michel.

**Bagnolet.** 9 kil. de Paris, 1,500 h. — Voitures, boulevard de Strasbourg, 57.

**Batignolles.** 5 kil. de Paris, 44,000 h. — *Omnibus*, Chemin de fer d'Auteuil.

**Beaumont** 17 kil. de Paris, sur les bords de l'Oise. Gare du Nord.

**Beauséjour.** près Passy, — *Omnibus*.

**Belleville.** 5 kil. de Paris, 57,000 h. — *Omnibus* de la pl. des Victoires.

**Bellevue.** 10 kil. de Paris, 600 h. — Gare de Versailles, rive gauche.

**Bercy.** 4 kil de Paris, 12,800 h. — *Omnibus*.

**Bicêtre.** 6 kil. de Paris, 4,500 h. — Voitures, quai Napoléon.

**Bois de Boulogne**, Sablonville et Ternes, Champs-Péret et Levalois. *Omnibus*. Chemin de fer d'Auteuil.

**Bondy.** 15 kil. de Paris, 1,200 h. — Chemin de fer de l'Est.

**Bougival.** 14 kil. de Paris, 2,000 h. — Les omnibus du chemin de fer de St-Germain font le service de Bougival à la station de Rueil ; voitures de l'*Union des Postes*, pass. du Bois-de-Boulogne, 12.

**Boulogne.** 9 kil. de Paris, 11,500 h. — Chemin de fer américain, pl. de la Concorde. — Voitures de Paris à Saint-Cloud, rue du Bouloi, 9

**Bourget** (le). 11 kil. de Paris, 650 h. — Voitures à la Grande-Villette.

**Bourg-la-Reine.** 9 kil de Paris, 1,676 h. — Chemin de fer de Paris à Sceaux.

**Cachan.** 8 kil. de Paris, 500 h. — Chemin de fer de Paris à Sceaux.

**Champigny-sur-Marne.** 14 kil. de Paris, 2,000 h. — *Omnibus*, boulevard de Strasbourg, 57.

**Chantilly.** 36 k. de Paris, 2,600 h. — Gare du Nord.

**Charenton.** 7 kil. de Paris, 4,158 h. — *Omnibus*.

**Charonne.** 3 kil. de Paris, 7,000 h. — *Omnibus*.

**Châtillon.** 8 kil. de Paris, 1,800 h. — Les *Montrougiennes*, rue Grenelle-St-Honoré, 45 ; rue Christine, 12, et rue Dauphine, 33.

**Chatou.** 13 kil. de Paris, 1,200 h. — De Paris à St-Germain.

**Chapelle Saint-Denis (La).** 5 kil. de Paris, 33,500 h. — *Omnibus*.

**Chatenay.** 12 kil. de Paris, 700 h. — Voitures, rue Mazarine.

**Chaville.** 14 kil. de Paris, 15,000 h. — Voitures, et chemin de fer de Versailles.

**Choisy-le-Roy.** 11 kil. de Paris, 8,000 h. — Gare d'Orléans. Voitures, rue des Deux-Ecus, 33.

**Clamart** 9 kil. de Paris, 2,200 h. — Chemin de fer de Paris à Versailles (rive gauche).

**Clichy.** 7 kil. de Paris, 12,270 h. — Voitures, rue Montmartre. — *Omnibus*.

**Colombes.** 9 kil. de Paris, 1,900 h. — Voitures, rue de Rivoli ; chemin de fer de St-Germain.

**Compiègne.** 70 kil. de Paris, château et parc, résidence impériale.

**Corbeil.** 31 kil. de Paris, 5,535 h. — Gare d'Orléans.

**Courbevoie.** 9 kil. de Paris, 8,000 h. — Chemin de fer de Paris à Versailles (rive droite). — *Omnibus*.

**Créteil.** 11 kil. de Paris, 1,700 h. — Voitures, rue du Marché-Saint-Jean et à la Bastille.

**Écouen.** 19 kil. de Paris, 1,150 h. — Voitures, faub. Saint-Denis, 47.

**Enghien** (près Montmorency). 15 kil. de Paris, 6 h. — Gare du Nord.

**Epinay-sur-Seine.** 11 kil. de Paris, 1,250 h. — Gare du Nord.

**Essonnes.** 31 kil. de Paris, 3,500 h. — Gare d'Orléans.

**Fleury** (sous Meudon). — Voitures et chemin de fer de Versailles (rive gauche). Le dernier dimanche de juillet et suivants.

**Fontenay-aux-Roses.** 9 kil. de Paris, 1,700 h. — Chemin de fer de Sceaux.

**Fontenay-sous-Bois.** 10 kil. de Paris, 2,650 h. — *Omnibus*.

**Gare (La)** (près d'Ivry). — Voitures, pl. Dauphine. *Omnibus*.

**Gentilly.** 4 kil. de Paris. — *Omnibus*.

**Grenelle.** 6 kil. de Paris, 15,000 h. — *Omnibus*.

**Isle-Adam.** 39 kil. de Paris, 1,600 h. — Chemin de fer du Nord.

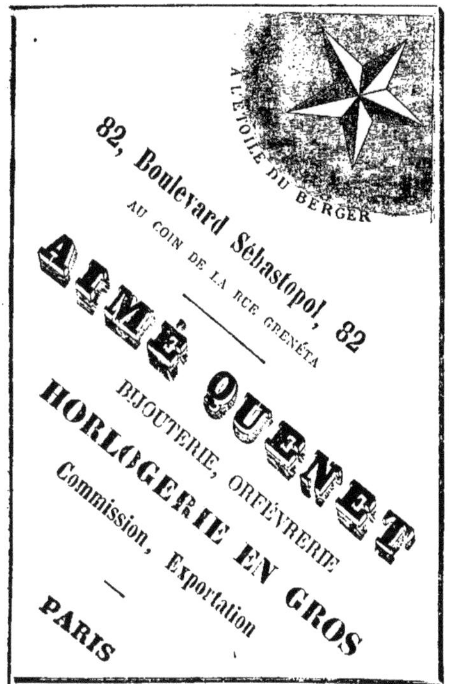

**Issy.** 8 kil. de Paris, 5,400 h. — Voitures, les *Parisiennes; Omnibus*.

**Ivry-sur-Seine.** 8 kil. de Paris, 14,500 h. — Voitures, de Paris à Choisy-le-Roi, rue Coq-Héron, 1er dimanche du mois de mai.

**Joinville-le-Pont.** 10 kil. de Paris, 1,500 h. — *Omnibus*, rue du Bouloi, 22.

**Laqueue-en Brie.** 18 kil. de Paris, 1,300 h. — *Omnibus*.

**Loges (Les).** 14 kil. de Versailles, commune de St-Germain en Laye. — Chemin de fer.

**Longjumeau.** 20 kil. de Paris, 2,100 h.—Voitures, pass. Dauphine, 16, et chemin de fer de Sceaux.

**Maisons-Alfort.** 7 kil. de Paris, 3,250 h. — Chemin de fer, gare de Lyon.

**Maisons-Laffitte.** 22 kil. de Paris, 1,300 h. — Gare de Rouen.

**Marly-le Roi.** 15 kil, de Paris. 1,200 h. — Voitures de l'*Union des Postes*, pass. du Bois-de-Boulogne.

**Ménilmontant** (dépendance de Belleville). — *Omnibus*.

**Meudon.** 9 kil. de Paris, 3,274 h. — Gare de Versaille (rive gauche).

**Montmorency.** 17 kil. de Paris, 2,255 h. — Gare du Nord; voit. de *l'Union des Postes*, pass. du Bois-de-Boulogne.

**Montmartre.** 4 kil. de Paris, 36,500 h.—*Omnibus*.

**Montreuil.** 16 kil. de Paris, 4,300 h. — Voitures, rue Saint-Paul.

**Montrouge.** 6 kil. de Paris, 20,000 h.—*Omnibus*; voit. r. de Grenelle-Saint-Honoré, 45, et r. Christine.

**Nanterre.** 12 kil. de Paris, 3,000 h. — Gare de Saint-Germain; voit. de *l'Union des Postes*, pass. du Bois-de-Boulogne.

**Neuilly.** 8 kil. de Paris, 24,000 h.— Chemin de fer de ceinture et *Omnibus*.

**Nogent-sur-Marne.** 8 kil. de Paris, 2,500 hab. — Chemin de fer de Vincennes.

**Noisy-le-Sec.** 15 kil. de Paris, 2,200 hab. — Chemin de fer de Vincennes.

**Orsay.** 25 kil. de Paris, 1,100 hab. — Chemin de fer de Sceaux.

**Palaiseau.** 12 kil. de Paris, 1,850 hab. — Voit., passage Dauphine, 16, Gare de Sceaux.

**Pantin.** 12 kil. de Paris, 4,000 h. — Voitures, boulevard de Strasbourg, 57.

**Passy.** 6 kil. de Paris, 18,134 h. Chem. de fer de ceinture et américain. *Omnibus*.

**Petite-Villette.** Voitures, place Saint-Sulpice.

**Pierrefitte.** 14 k. de Paris, 827 h. — Gare du Nord.

**Pont-Saint-Maur.** — Chemin de fer de Vincennes.

**Port à-l'Anglais.** 9 kil. de Paris, 100 h. — Voit. de Paris à Choisy-le-Roi.

**Port-de-Créteil.** 11 kil. de Paris, 1,850 hab. — *Omnibus*.

**Pré Catelan.** Au bois de Boulogne.

**Prés-Saint-Gervais.** 5 kil. de Paris, 1,850 h. — Chemin de fer de Vincennes.

**Puteaux.** 11 kil. de Paris, 5,500 hab. — Chemin de fer de Versailles (rive droite); voit., boulevard de Strasbourg, 57.

**Raincy.** 13 kil. de Paris.—Chem. de fer de l'Est.

**Robinson.** 12 kil. de Paris, 150 hab. — Gare de Sceaux.

**Romainville.** 13 k. de Paris, 3,500 h. — *Omnibus.*

**Rueil.** 17 kil. de Paris, 7,300 h. — Gare de Saint-Germain; voitures de *l'Union des Postes*, boulevard Saint-Denis, 22; passage du Bois-de-Boulogne.

**Saint-Cloud.** 11 kil. de Paris, 3,500 h. — Gare de Paris à Versailles (rive droite); voitures, r. du Bouloi.

**Saint-Cyr.** 22 kil. de Paris, 1,000 hab. — Gare de Versailles (rive droite).

**Saint-Denis.** 9 kil. de Paris, 18,000 h. — Gare du Nord; voitures de *l'Union des Postes*, pass. du Bois-de-Boulogne, 12; *Omnibus* de la barrière d'Enfer.

**Saint-Germain.** 22 kil. de Paris, 13,700 hab. — Gare de Paris à Saint-Germain; voit. de *l'Union des Postes*, b. S-Denis, 22, pass. du Bois-de-Boulogne, 12.

**Saint-Mandé.** 6 kil. de Paris, 5,300 h.—Voitures; Chemin de fer de Vincennes.

**Saint Maur.** 11 kil. de Paris, 2,500 h. — Chemin de fer de Vincennes.

**Saint-Ouen.** 8 kil. de Paris, 2,400 h. — Gare de Versailles (rive droite).

**Sannois.** 14 kil. de Versailles. — Chemin de fer.

**Sarcelles.** 16 kil. de Paris et 31 kil. de Pontoise; voitures, rue du Faubourg-Saint-Denis.

**Sceaux.** 12 kil. de Paris, 2,150 h. — Gare de Paris à Sceaux.

**Sèvres.** 12 kil. de Paris, 5,100 h. — Gare de Paris à Versailles (rive gauche); voit., rue du Bouloi, 24.

**Stains.** 14 kil. de Paris, 1,045 h. (trois puits artésiens). — Voitures, rue du Faubourg-Saint-Denis.

**Suresnes.** 10 kil. de Paris, 4,400 h. — Gare de Paris à Versailles (rive droite); voit., les *Accélérées*, boulevard de Strasbourg, 57.

**Ternes (Les)**, Neuilly, 5 kil. de Paris, 6,000 h. — *Omnibus.*

**Vanves.** 7 kil. de Paris, 4,500 h. — Chemin de fer (rive gauche); omnibus les *Parisiennes.*

**Vaugirard.** 4 kil. de Paris, 26,200 h. — *Omnibus.*

**Versailles.** 21 kil. de Paris, 35.500 h. — Gare de Paris à Versailles; voit., r. du Bouloi, 24.

**Vésinet (Le).** 19 kil. de Paris. — Gare de Saint-Germain.

**Ville-d'Avray.** 14 kil. de Paris, 998 h. — Gare de Paris à Versailles (rive droite).

**Villejuif.** 8 kil. de Paris, 1,514 h. — Voitures, r. Mazarine, 36.

**Villemonble**, près de Bondi, 12 kil. de Paris, 670 h. Gare de Strasbourg.

**Villette (La).** 6 kil. de Paris, 30,300 h. — Les *Dames-Réunies* de la pl. Saint-Sulpice.

**Villiers-le-Bel.** 19 kil. de Paris, 1,850 h. — Voitures, rue du Faubourg-Saint Denis, 47.

**Vincennes.** 7 kil. de Paris, 5.500 h. — Chemin de fer de ce nom, place de la Bastille.

**Viroflay.** 12 kil. de Versailles et 17 kil. de Paris. — Gare de Versailles.

**Vitry-sur-Seine.** 8 kil. de Paris, 2,508 h. — Chemin de fer d'Orléans.

**Yères.** 15 kil. de Corbeil et 22 kil. de Paris. — Chemin de fer d'Orléans.

## PRINCIPAUX BAINS DE MER

FRÉQUENTÉS PAR LA SOCIÉTÉ PARISIENNE

**Arcachon**, bassin sur le littoral Atlantique; bains chauds et à la lame; établissement élégant; promenades pittoresques; à 50 kil. de Bordeaux et 500 kil de Paris.

**Biarritz**, bourg maritime des Basses-Pyrénées, à 780 kil. de Paris.

**Boulogne-sur-Mer**, belle ville maritime dans le département du Pas-de-Calais; passage de France en Angleterre; à 272 kil. de Paris, et 32 kil. de Douvres.

**Cette**, ville maritime de 21,000 habitants ,dans la Méditerranée, à 780 kil. de Paris.

**Dieppe**, jolie ville maritime, sur la Manche, dans la Seine-Inférieure; excellent port formé de deux belles jetées; très-belle plage; bains à la lame et chauds; à 167 kil. de Paris, et à 55 kil. de Rouen.

**Etretat**, petit village sur les côtes de la Manche; à 100 kil. du Havre (Seine-Inférieure).

**Fécamp**, ville maritime; à 40 kil. du Havre, et 188 kil, de Paris.

**Les Sables-d'Olonne**, ville maritime, située au bord de l'Océan (Vendée); à 463 kil. de Paris.

**Ostende** (Belgique); à 16 kil. de Bruges; belle plage, bains élégants.

**Trouville**, dans le Calvados; charmante petite ville, très-fréquentée pendant la saison des bains; à 204 kil. de Paris, et à 13 kil. du Havre.

## CHEMINS DE FER FRANÇAIS

**Renseignements utiles aux Voyageurs sur toutes les lignes.**

Extrait du Règlement. — *Bagages :* Il est alloué en franchise de port 30 kilogrammes de bagages à chaque voyageur ; l'excédant de ce poids est taxé suivant les tarifs de chaque ligne. L'administration ne répond jamais des objets non enregistrés au bureau. — *Billets.* La distribution des billets cesse cinq minutes avant l'heure du départ. Un billet non timbré, ou portant le timbre d'un autre jour, est considéré comme nul ; on n'en rend la valeur dans aucun cas. — *Enfants.* Les enfants au-dessous de trois ans sont seuls exonérés de leur place ; mais encore faut-il qu'ils restent sur les genoux des personnes qui les accompagnent. Deux enfants peuvent occuper une seule place en payant la place intégralement.

Voir notre Indicateur général des trains directs, pages 24 et 25, après notre *Tour de France alphabétique.*

**Chemin de fer du Nord,** *place Roubaix.*

Paris à Douai, Bruxelles et Cologne.
— Lille, Calais et Londres.
— Cologne et Coblentz, par Saint-Quentin, Erquelines, Namur et Liége.
— Beauvais.
— Laon.
— Saint-Valery et Boulogne.
— Dunkerque.
— Mouscron.
— Bussigny, Cambrai, Somain.

**Chemin de fer d'Orléans,** *boulevard de l'Hôpital.*

Paris à Orléans.
— Tours et Tours au Mans.
— Tours et Bordeaux.
— Tours, Nantes et Saint-Nazaire.
— Limoges, par Vierzon, Châteauroux, Argenton.
— Périgueux, par Tours, Angoulême, Coutras.
— la Rochelle et Rochefort.
— au Guétin, par Orléans, Vierzon et Bourges

**Embarcadère de la barrière d'Enfer.**

Paris à Sceaux.
— Orsay, pour aller à Robinson.

**Chemin de fer de l'Ouest,** *rue Saint-Lazare.*

Paris à Saint-Germain.
— Argenteuil.
— bois de Boulogne et Auteuil.
— Versailles (rive droite).

**Ligne de Normandie.**

Paris à Rouen et au Havre.
— Dieppe.
— Fécamp.
— Caen et Cherbourg.
— Pont-l'Évêque.
— Saint-Lô.

**Ligne de Bretagne,** *boulevard Montparnasse.*

Paris au Mans et à Rennes.
— Alençon et à Argentan.
— Versailles (rive gauche).

**Chemin de fer de l'Est,** *place de Strasbourg.*

Paris à Nancy et Strasbourg.
— Metz et Forbach.
— Reims.
— Langres, par Blesme.
— Metz et Thionville.
— Wissembourg.
— Mulhouse.
— Thann et à Bâle.
— Nancy et Épinal.

**Chemin de fer de Lyon et de la Méditerranée** (*embarcadère, boulevard Mazas*).

Paris à Lyon, par Montereau, Tonnerre, Dijon, Châlon-sur-Saône.
— Belfort, par Dijon.
— Gray, par Auxonne.
— Auxerre par Laroche.
— Salins, par Dijon et Dôle.

**Banlieue de Paris.**

Paris à Charenton, Maisons-Alfort, Villeneuve-Saint-Georges, Montgeron, Brunoy.

**Lignes du Bourbonnais,** *boulevard de l'Hôpital, gare d'Orléans.*

Paris à Lyon, par le Guétin, Roanne et Saint-Étienne.
— Brioude, par Saint-Germain-des-Fossés et Clermont-Ferrand.
— Nevers, par le Guétin.

**Chemin de fer du Dauphiné,** *boulevard Mazas.*

Paris à Bourgoin, par Lyon.
— Grenoble, par Lyon et Saint-Rambert.

**Chemin de fer des Ardennes,**
*Place de Strasbourg, où se prend le chemin de l'Est jusqu'à Reims.*

Paris à Mézières.
— Charleville et Donchery.
— Sedan, par Reims.

# GRAND MAGASIN ROLLIN DE PENDULES

PARIS

RUE de BRETAGNE 35

PARIS

LONDRES

RED... square

EMILE GAY AGENT

**FLAMBEAUX, LUSTRES, CANDÉLABRES, HORLOGERIE.**

**PARIS.**

**HOTEL D'YORCK**, 61, RUE SAINTE-ANNE. — L. Collin. An exellent house, of the second class, frequented by first class Pravellers. Situaded in the most central part of the City, close to the Boulevarts, Palais-Royal, Tuileries, and Bourse, and newly furnished tronghont; it is fitted with every convenience and comfort, and is remarkable for cleanliness. English spoken. Moderats prices.

R. Ste-ANNE, 61. Exellente maison pour voyageurs et touristes, située dans le centre de Paris, près les Boulevards, le Palais-Royal, les Tuileries et la Bourse. Nouvellement restauré à neuf; on y trouve le comfort et la propreté. On parle anglais. Prix modérés.

Embellissements du Restaurant CASSEGRAIN

ASNIÈRES

GRAND HOTEL DE LA MARINE

7, QUAI DE LA SEINE, PRÈS LE PONT, 7

**PARIS.**

# HOTEL DES ÉTRANGERS

**24, RUE TRONCHET, 24**

Near the Madeleine

Ancient hôtel SANDERS, DUMERIN, successor.

This hotel is situaded in the best part of Paris, being near the Havre and Dieppe Rail-Road, the Madeleine and Tuileries. It affords to visitors excellent appartments. Small Rooms, Breakfast and Dinners with every english confort. Dinner at six o'clock.

# ROB BOYVEAU-LAFFECTEUR

Le Rob végétal du docteur Boyveau-Laffecteur, seul autorisé et garanti véritable par la signature GIRAUDEAU SAINT-GERVAIS, est bien supérieur aux sirops de Cuisinier, de Larrey, et de salsepareille. Il guérit radicalement, sans mercure, les affections de la peau, les dartres, les scrofules, les suites de gale, les ulcères et les accidents provenant de couches, de l'âge critique et de l'âcreté des humeurs. Ce Rob est surtout recommandé contre les maladies contagieuses récentes, invétérées ou rebelles au copahu, au mercure et à l'iodure de potassium.

Dépôt chez tous les pharmaciens et droguistes de la France et de l'Etranger.

Consultations gratuites, par correspondance, au cabinet du docteur Giraudeau Saint-Gervais. rue Richer, 12, Paris.

**L'OLEAGINE** du capitaine HALTONDO infaillible pour attirer toutes sortes de poisson en mer comme en rivière. — 10,000 fr. à qui prouvera le contraire. — Se vend 3 fr. le flacon et au-dessus, chez M. LUNO, 37 bis, rue des Trois-Bornes, Paris. — *Commission, exportation.*

**THE OLEAGINE** from the capitain HALTONDO infallible for to bait all kinds of fishes, as well sea-fishes as river-fishes. — 10,000 fr. if any ond proves the contrary. — Sold 3 francs and mord the bottle as M. LUNO, 37 bis, rue des Trois-Bornes, Paris. — *Exportation.*

**DIEPPE**

# GRAND HOTEL IMPÉRIAL

Sur la plage, en face de la mer

**M^me BELL, propriétaire**

TABLE D'HOTE

SALONS PARTICU[illegible]

English [illegible]

# CASA DE HUESPEDES ESPANOLA

de LUISA DE NOELL

**45, rue Vivienne, 45**

Entre la Bolsa y el Bulevart, *en Paris*. Este vasto establecimiento fondado hace mas de 30 años, feune ademas de sus comodidades y esme rado trato el hallarse situado en el punto mas centrico y agradable de la capital. En el se hospedan las principales familas que llegan de España y de America. — 45, rue Vivienne, à Paris.

---

# RÊVEUSE

**CHAISE DE REPOS**

**Brevets français et anglais (s. g. d. g.)**

Cette Chaise, longue, nouvelle, qui unit la grâce et l'élégance au meilleur confortable, est indispensable dans chaque appartement. Elle se plie au caprice, à la volonté, et se fixe à l'inclinaison qui convient, au moyen d'un mécanisme aussi simple et solide qu'il est ingénieux.

*Fauteuils et Lits de repos avec le même système.*

GIRAUDET ET C^ie, 5, PASSAGE MIRÈS

PARIS.

---

**DIJON**

# HOTEL DU PARC

**Tenu par RIPARD frères.**

Cet hôtel, entièrement remis à neuf, possède un jardin devant et derrière. — Situation très agréable au centre de la ville. — Vue d[illegible]licieuse. — Les voyageurs [illegible] chambres à coucher quentent cet hôtel [illegible] — Table d'hôte à 10 heures du les [illegible] du soir. — Demander directement l'omnibus de l'hôtel, qui stationne à toutes les arrivées. — Voitures de toutes sortes pour ville et campagne.

---

## Exposition universelle 1855

MAISON VERNERT

# RIVAUD

**Fabricant de Bronzes et Lampes**

**MONTURES DE PORCELAINES**

***Suspensions de salle à manger et billard***

PENDULES, CANDÉLABRES, FLAMBEAUX, LUSTRES FEUX, ETC.

**Appareils d'éclairage de navire**

Fournisseur de plusieurs administrations maritimes française et étrangère

Porcelaines de Sèvres, Chine, Japon, etc.

**OBJETS D'ART ET DE FANTAISIE**

CURIOSITÉS

**27, rue Neuve-des-Petits-Champs, 27**

**PARIS**

---

# PORTE-FUTS PERFECTIONNÉS

**EN FONTE DE FER ET FER**

Servant de chantiers et de crics. — Certitude de ne plus tronbler les vins ou autres liquides.

A **9**, **12 50**, **13**, **15**, **16** et **22** francs.

**AUGUSTE BARRE** (BREV S. G. D. G.)

PARIS. — 23, RUE DES FOSSÉS-MONTMARTRE, 23. — PARIS.

Assortiment de porte-bouteilles en fer, de bouche-bouteilles, rampes, etc., etc., ect.

---

— PARIS —

# FOURNEAUX ÉCONOMIQUES

**DE CHALLIER**

**JULLIEN S^eur**

**Boulev. Beaumarchais, 76**

Plus de 600 fourneaux construits par cette maison, tant pour restaurants que pour particuliers, fonctionnent, à l'entière satisfaction du client, dans le département de la Seine. On les expédie en province tout garnis et prêts à fonctionner.

# SPARING-STOVES

**OF CHALLIER**

**JULLIEN S^eur**

**Boulev. Beaumarchais, 76**

Mora than 600 stoves, constructed by these, house for restaurants and private familys, has ben sold in the deparement of the Seine, we send them to the country including all furniture and ready for used.

## CALAIS

### HOTEL DESSIN

ET

**ANCIEN HOTEL QUILLAC**

RUE NEUVE

**L. DESSIN, Propriétaire**

Ce nom est connu en Europe depuis plus d'un siècle.

## BIARRITZ.

### HOTEL DE FRANCE

Delighfully situated and having a branch establishment of a hundred rooms directy facing the sea—close to the Baths. This magnificent and very extensive establishment is fitted up in a very superior style, and conducted in a manner to deserve the recommendation given of it to English Travellers in Murray's Hand-books for France-for comfort, civility, and attention which nothing can surpass. The proprietor, M. GARDERES, speaks English, and keeps carriages for excursions in the Pyrences and Spain. Table d'hote. Private dinners at a very moderate charge.

## DIEPPE

### HOTEL DE LA PLAGE

**Tenu par Mme CREVIER**

Les bons hôtels sont nombreux à Dieppe. Mais la vie de famille n'existe pas dans tous, c'est pourquoi nous ne saurions trop recommander en ce sens l'excellent hôtel français et anglais DE LA PLAGE, tenu par Mme Ve Crevier, situé en vue magnifique de la rade et des bains, bien connu au reste de tous les baigneurs distingués et sérieux. — Logements élégants, Cuisine et Cave de premier ordre, Service parfait, Soins intimes, renseignements et ressources de toutes espèces; tout ce que l'on souhaiterait chez soi s'y trouve.

## TOURS

### GRAND HOTEL DE BORDEAUX

First-class Establishment

**POR FAMILIES AND SINGLE GENTLEMEN**

Situated on the Boulevard, opposite the railway station Bathi in the Hotel.

ENGLISH SPOKEN

## BOULOGNE-SUR-MER

FIRST-RATE SELECT

### BOARDING ESTABLISHMENT

87, RUE NEUVE-CHAUSSÉE, 87

Madam Le Camus having greatly enlarged and newly furnished the above wel known Establishment situated near the Port, is enabled to offer extensive accommodation to families and single boarders on moderate terms. Address as above, pre-paid, to Madam Le Camus.

P. S. — Private sitting-room if required.

## NICE (Alpes maritines)

### GRAND HOTEL CHAUVAIN

Ce magnifique établissement, splendidement meublé, grand comme un hôtel américain, continue de joindre l'élégance de ses appartements à l'exactitude du service. Sa réputation est européenne. — Table d'hôte. — Salons de compagnie. — Situation : plein midi.

This line establishment magnificently furnished large as an american hotel, joins the elegance of is apartments to the regularity of the service. At is a wele known hotel. — Table d'hote. — Reading and conversation rooms.— : Full south.

PLACE du Gouvernement — **ALGER** — PLACE du Gouvernement

### HOTEL DE LA RÉGENCE

Seule exposition au Sud; situation admirable et unique dans la ville, au centre des affaires et des promenades. — Beaucoup de prévenance et de sollicitude pour les voyageurs. — Chambres et appartements pour familles, du prix de 2 à 5 fr. par jour et au-dessus. — Restaurant, service de table à prix fixe et à la carte; prix modérés. —Une magnifique plantation d'orangers se trouve devant la principale façade de l'établissement.

MM. les voyageurs sont instamment priés de ne pas se laisser détourner par les commissionnaires.

## GENÈVE

**(Suisse)**

### HOTEL DES BERGUES

**Superbe Vue du Mont-Blanc**

## MARTIGNY

### HOTEL CLERC

**Tenu par le propriétaire, Henri CLERC**

Nouvellement construit, cet hôtel possède de grands et petits appartements très-bien meublés. — On trouve dans l'hôtel des guides et mulets pour le Saint-Bernard et Chamounix, et des voitures pour les excursions.

## BADEN-BADEN

### HOTEL DE HOLLANDE

**A. ROESSLER, PROPRIETOR**

This favourite and first-class Hotel, situated near the Kursaal, commands one of the most charming views in Baden. Tha increase to business rendering it necessary to enlarge the Hotel, the Proprietor, in extending the premises, has introduced additional improvements, and has placed conveniences (i.e., V. C.) upon every floor

The Hotel now consists of more than a hundred sleeping apartments, elegant sitting-rooms, and a garden for the use of visitors. It is conducted under the immediate superintendence of the Proprietor, who endeavours, by the most strict attention and exceedingly moderate prices, to merit the continued patronage of English visiters. Galignani's and other Journals. The Wines of this otel are reputed of the best quality in Baden, Fixed moderate charges for every thing

Breakfast, Café, 36 kreutzers; Tea, 42 krs. Table d'hôte at *One* 1 fr. 24 kr.; at *Five*, 1 fl. 48 kr. Mr. ROESSLER, remaining sole Proprietor, wil spare no pains to deserxe the confidence of English Travellers.

## LE TOUR DE FRANCE ALPHABÉTIQUE

**ABBEVILLE.** Stat. Nord. Hôtel *Tête-de-Bœuf.* Fortif. 18 000 hab.

**AGEN.** Hôtel *Saint-Jean.* 15 000 hab. Rocher de l'Hermitage.

**AIX.** Stat. Lyon-Médit. Hôtel du *Parc*, 24 000 hab.

**ALAIS.** Stat. Lyon-Médit. Hôtel *du Commerce.* 17 800 hab.

**ALBY.** 12 000 hab. Cathédrale Sainte-Cécile. Hôtel *Desprats.*

**ALENÇON.** 15 000 hab. Dentelles renommées. Hôtel *Grand-Cerf.*

**AMBOISE SUR-LOIRE.** 4 600 hab. Hôtel *Lion-d'Or.* Château.

**AMIENS.** Stat. Nord. 49 000 hab. Hôtels : *de France et d'Angleterre, du Rhin.*

**ANGERS.** 45 000 hab. Ville très-commerçante. Hôtel *Cheval-Blanc.*

**ANGOULÊME.** 19 400 hab. Cathédrale. Fabriques de papiers. Hôtel *du Palais.*

**ARCACHON.** 700 hab. A 55 kilom. de Bordeaux. Bains de mer.

**ARLES.** Stat. Lyon-Médit. 25 000 hab. Antiq. romaines. Hôtel *Forum.*

**ARRAS.** Stat. Nord. 22 000 hab. Hôtel du *Griffon.* Cathédrale.

**ASNIÈRES.** Stat. Havre. 1 500 hab. Parc d'Asnières. Bals, concerts. Hôtel *de la Marine*, restaurant Cassegrain.

**AUCH.** 10 000 hab. Église de Notre-Dame. Hôtel *de France.*

**AUTEUIL.** Dans une situation charmante, près de Paris. Villas, etc.

**AUTUN.** 11 000 hab. Cathédrale et musée. Vins de Chably. Antiq.

**AUXERRE.** 12 700 hab. Capitale de l'Yonne. Hôtel *Léopard.*

**AVIGNON.** Stat. Lyon-Médit. 32 000 hab. Antiq. Hôtel *de l'Europe.*

**AVRANCHES.** Dans une situation magnifique. Jolie ville. Hôtel *de Londres.*

**BAGNÈRES-DE-BIGORRE.** Hôtels : *de France, de Paris, de Londres.*

**BAGNÈRES-DE-LUCHON.** Hôtels : *Bonne-Maison, des Bains, d'Angleterre.*

**BARBIZON.** Stat. Lyon-Médit. à 112 kilom. de Paris. Hôtel *Jan.*

**BARÉGES.** Bains dans les Pyrénées. Hôtel *de France.*

**BAR-LE-DUC.** Stat. Est. 15000 hab. Capitale de la Meuse. Confitures.

**BAYEUX.** Stat. Ouest. Cathédr. Hôtel *du Luxembourg.*

**BAYONNE.** Stat. Midi. 20 000 hab. Ville commerçante. Hôtel *Commerce.*

**BEAUNE.** 11 500 hab. Stat. Lyon-Médit. Biblioth. et musée. Hôtel *Bauquis.*

**BEAUVAIS.** 12 500 hab. Chef-lieu de l'Oise. Hôtels : *du Cygne, d'Angleterre.*

**BEHOBIA.** Village à la frontière d'Espagne. Douane et passe-ports.

**BELFORT.** Stat. Est. 8 000 hab. Vins et eaux-de-vie. Hôtel *l'Ancienne-Poste.*

**BESANÇON.** Stat. Lyon-Médit. 35 000 hab. Hôtel *du Nord.*

**BÉZIERS.** Stat. Midi. 18 000 hab. Vins et eaux-de-vie. Hôtel *du Nord.* (*La suite page 34.*)

## NORD

### PARIS A BRUXELLES. — BRUXELLES A PARIS.

| | 1re, 2e, 3e | 1re, 2e, 3e | 1re, 2e, 3e | 1re, 2e cl. | 1re, 2e, 3e | 1re, 2e | 1re, 2e, 3e | 1re, 2e, 3e | 1re, 2e, 3e | Prix des pl. |
|---|---|---|---|---|---|---|---|---|---|---|
| Dép. | s. 11 h. 5 | m. 8 h. » | m. 10 h. » | s. 8 h. 15 | s. 2 h. 25 | m. 9 h. » | s. 1 h. » | s. 5 h. 15 | s. 7 h. 15 | 1re cl 37 fr |
| Arr. | midi | s. 3 h. 45 | s. 9 h. 25 | m. 5 h. 30 | s. 9 h. 05 | s. 4 h. 50 | s. 11 h. » | m. 4 h. 25 | m. 5 h. 35 | 2e 28 |
| | | | | | | | | | | 3e 19 |

### PARIS A LILLE.

| | 1re, 2e, 3e cl. | 1re cl. | | 1re, 2e, 3e cl. | 1re, 2e, 3e cl. | 1re cl. | 1re, 2e, 3e cl. | Prix des places: |
|---|---|---|---|---|---|---|---|---|
| Dép. | minuit 20 | m. 7 h. 20 | m. 8 h. » | m. 10 h. » | s. 2 h. » | s. 7 h. 45 | s. 11 h. 05 | |
| Arr. | m. 9 h. 30 | m. 12 h. 05 | m. 2 h. 15 | s. 5 h. 32 | s. 9 h. 30 | s. 12 h. 30 | m. 7 h. 25 | |

### LILLE A PARIS.

| | 1re cl. | 1re, 2e, 3e cl. | 1re, 2e, 3e cl. | 1re, 2e, 3e cl. | 1re, 2e cl. | 1re, 2e, 3e cl. | 1re, 2e, 3e cl. | Prix |
|---|---|---|---|---|---|---|---|---|
| Dép. | m. 2 h. 30 | m. 6 h. » | m. 8 h. 55 | s. 2 h. » | s. 1 h. 20 | s. 4 h. 20 | s. 9 h. 05 | 1res 28 fr. 10 ; 2es 21 10 |
| Arr. | m. 7 h. 20 | s. 1 h. 20 | s. 4 h. 05 | s. 9 h. 55 | s. 6 h. » | s. 11 h. » | m. 4 h. 35 | 3es 15 45 |

HOTELS

### PARIS A AMIENS.

| | 1re, 2e, 3e | 1re cl. | 1re, 2e, 3e | 1re, 2e, 3e | 1re, 2e, 3e | 1re, 2e, 3e | 1re, 2e, 3e |
|---|---|---|---|---|---|---|---|
| Dép. | m. 6 h. 10 | m. 8 h. » | m. 12 h. 20 | s. 2 h. » | s. 7 h. 45 | m. 10 h. » | s. 11 h. 05 |
| Arr. | m. 10 h. 40 | m. 10 h. 50 | s. 5 h. 35 | s. 5 h. 45 | s. 10 h. 10 | m. 1 h. 22 | m. 3 h. 25 |

### AMIENS A PARIS.

| | 1re classe | 1re, 2e, 3e | 1re, 2e, 3e | 1re, 2e, 3e | 1re, 2e cl. | 1re, 2e, 3e |
|---|---|---|---|---|---|---|
| Dép. | m. 4 h. 45 | m. 9 h. 50 | s. 3 h. 35 | s. 6 h. 30 | s. 8 h. 19 | s. 12 h. 40 |
| Arr. | m. 7 h. 20 | s. 1 h. 20 | s. 6 h. » | s. 9 h. 55 | s. 11 h. » | m. 4 h. 35 |

Prix des places : 1res 14 fr. 65 ; 2es 11 fr. » ; 3es 8 fr. 05

HOTELS

### PARIS A BOULOGNE.

| | 1re, 2e, 3e | 1re cl. | 1re, 2e, 3e | 1re, 2e, 3e | 1re, 2e, 3e | 1re, 2e, 3e |
|---|---|---|---|---|---|---|
| Dép. | minuit 20 | m. 8 h. » | s. 10 h. » | s. 2 h. » | s. 5 h. 20 | m. 10 h. » |
| Arr. | m. 9 h. 25 | s. 1 h. 30 | m. 5 h. 10 | s. 9 h. 25 | minuit | s. 5 h. » |

### BOULOGNE A PARIS.

| | 1re, 2e, 3e cl. | 1re, 2e, 3e cl. | 1re, 2e 3e | 1re, 2e, 3e cl. | 1re, 2e cl. |
|---|---|---|---|---|---|
| Dép. | m. 1 h. » | m. 6 h. » | m. 9 h. 50 | m. 10 h. » | s. 5 h. 30 |
| Arr. | m. 10 h. 45 | s. 1 h. 20 | s. 4 h. 05 | s. 5 h. 05 | s. 11 h. » |

Prix des places : 1res 28 fr. 45 ; 2es 21 fr. 35 ; 3es 15 fr. 65

*HOTEL CHRISTOL,*
SUR LE PORT.

### PARIS A SAINT-QUENTIN.

| | 1re cl. | 1re, 2e, 3e | 1re cl. | 1re, 2e, 3e | 1re cl. | 1re, 2e, 3e | 1re, 2e cl. | 1re, 2e, 3e |
|---|---|---|---|---|---|---|---|---|
| Dép. | m. 7 h. 10 | m. 7 h. 35 | m. 9 h. » | midi 20 | s. 5 h. » | s. 5 h. 10 | s. 8 h. » | s. 9 h. 20 |
| Arr. | m. 10 h. » | m. 12 h. 18 | midi 05 | s. 5 h. 21 | s. 7 h. 49 | s. 10 h. 15 | s. 11 h. 56 | m. 2 h. 40 |

### SAINT-QUENTIN A PARIS.

| | 1re cl. | 1re, 2e, 3e | 1re cl. | 1re, 2e, 3e | 1re cl. | 1re, 2e cl. | 1re, 2e, 3e |
|---|---|---|---|---|---|---|---|
| Départ......... | m. 6 h. » | m. 7 h. 24 | m. 10 h. 50 | s. 1 h. 10 | s. 6 h. 04 | s. 6 h. 29 | s. 11 h. 57 |
| Arrivée......... | m. 10 h. 45 | m 10 h. 15 | s. 4 h. » | s. 4 h 50 | s. 9 h. » | s. 10 h. 45 | m. 4 h. 25 |

Prix des places : 1res 19 fr. 25 c. ; 2mes 12 fr. 95 c. ; 3mes 9 fr. 55 c.

## EST

### PARIS A FRANCFORT-S.-M — FRANCFORT-S.-M. A PARIS

| | 1re, 2e cl. | 1re, 2e cl. | 1re, 2e cl | 1re, 2e cl. | 1re, 2e cl. | 1re, 2e, 3e | Prix des places : |
|---|---|---|---|---|---|---|---|
| Départ | m. 6 h. 45 | s. 9 h. » | s. 11 h 35 | midi 30 | s. 5 h. 50 | m. 10 h. 35 | 1res 80 fr. 90 |
| Arriv. | s. 3 h. 12 | s. 9 h. 55 | m. 10 h. 10 | m. 11 h. 55 | s. 8 h. 50 | m. 5 h. » | 2mes 60 fr. 20 |

HOTELS

### PARIS A STRASBOURG. — STRASBOURG A PARIS.

| | 1re, 2e, 3e | 1re cl. | 1re cl. | 1re, 2e, 3e | 1re, 2e, 3e | 1re, 2e, 3e | 1re cl. | 1re, 2e, 3e | 1re cl. | 1re, 2e, 3e | Prix des pl. |
|---|---|---|---|---|---|---|---|---|---|---|---|
| Dép. | m. 6 h. 45 | m. 8 h. 30 | s. 8 h. 10 | s. 9 h. » | s. 11 h. 35 | m. 5 h. 30 | m. 10 h. 15 | midi 35 | s. 5 h. 25 | s. 9 h. » | 1res 56 fr. 2 ; 2mes 42 fr. 1 |
| Arr. | s. 10 h. 45 | s. 6 h. 45 | m. 7 h. 35 | midi | s. 3 h. 40 | s. 10 h. 25 | s. 8 h. 50 | s. 4 h. 15 | m. 5 h. » | s. 11 h 55 | 3mes 30 fr. 9 |

### PARIS A BALE. — BALE A PARIS

| | 1re cl. | 1re cl. | 1re, 2e, 3e | 1re, 2e, 3e | 1re cl. | 1re cl. | Prix des pl. : |
|---|---|---|---|---|---|---|---|
| Dép. | m. 7 h. 55 | s. 8 h. 10 | s. 9 h. » | m. 8 h. » | m. 11 h. 45 | s. 6 h. 35 | 1res 58 fr. 45 ; 2mes 43 fr. 85 |
| Arr. | s. 9 h. 05 | m. 12 h. 30 | s. 6 h. » | m. 4 h. 15 | m 5 h. 20 | m. 8 h. 25 | 3mes 32 fr. 15 |

HOTELS

### PARIS A METZ. — METZ A PARIS.

| | 1re, 2e, 3e | 1re cl. | 1re cl. | 1re, 2e, 3e | 1re, 2e, 3e | 1re, 2e, 3e | 1re, 2e, 3e | 1re, 2e, 3e | Prix des places |
|---|---|---|---|---|---|---|---|---|---|
| Dép. | m. 6 h. 45 | m. 8 h. 30 | s. 8 h. 10 | s. 9 h. » | m. 8 h. 40 | midi 19 | s. 6 h. 54 | s. 10 h. 55 | 1res 43 fr. 90 ; 2mes 32 fr. 95 |
| Arr. | s. 7 h. 41 | s. 4 h. 50 | m. 5 h. 14 | m. 8 h. 48 | s. 10 h. 45 | s. 8 h. 50 | m. 4 h. 35 | m. 11 h. 55 | 3mes 24 fr. 15 |

### PARIS A REIMS. — REIMS A PARIS.

| | 1re, 2e, 3e | 1re cl. | 1re, 2e, 3e | 1re, 2e, 3e | 1re cl. | 1re, 2e, 3e | 1re, 2e, 3e | 1re, 2e, 3e cl. | 1re, 2e, 3e cl. | Prix des places |
|---|---|---|---|---|---|---|---|---|---|---|
| Dép. | m. 6 h. 45 | m. 8 h. 30 | m. 12 h. » | s. 5 h. 30 | s. 8 h. 10 | s. 11 h. 35 | m. 5 h. 40 | m. 12 h. 10 | s. 5 h. » | 1res 19 fr. ; 2mes 14 fr. |
| Arr. | s. 12 h. 30 | s. 12 h. 30 | s. 5 h. 25 | minuit 20 | minuit 20 | m. 5 h. » | m. 11 h. 35 | s. 5 h. 40 | m. 8 h. 50 | 3mes 10 fr. |

### DIJON A BELFORT. — BELFORT A DIJON.

| | 1re, 2e, 3e | 1re, 2e, 3e | 1re, 2e, 3e | 1re, 2e, 3e | 1re, 2e, 3e | 1re, 2e, 3e | 1re, 2e, 3e | 1re, 2e, 3e | Prix des places: |
|---|---|---|---|---|---|---|---|---|---|
| Départ.... | m. 3 h. 15 | m. 5 h. 25 | m. 8 h. 50 | s. 1 h. 05 | m. 5 h. 25 | m. 10 h. 05 | s. 2 h. 15 | s. 5 h. 20 | 1res 21 fr. 05 ; 2mes 15 fr. 80 |
| Arrivée.... | m. 8 h. 15 | m. 11 h. 15 | s. 2 h. 50 | s. 7 h. 40 | m. 11 h 32 | m. 4 h. 20 | s. 8 h. 40 | s 10 h 55 | 3mes 11 fr. 60 |

### BELFORT A MULHOUSE. — MULHOUSE A BELFORT.

| | 1re, 2e, 3e | 1re, 2e, 3e | 1re, 2e, 3e | 1re, 2e, 3e | 1re, 2e, 3e | 1re, 2e, 3e | 1re, 2e, 3e | 1re, 2e, 3e | Prix des places: |
|---|---|---|---|---|---|---|---|---|---|
| Départ.... | m. 8 h. » | s. 4 h. 15 | s. 8 h. 47 | m. 11 h. 30 | m. 11 h. 40 | s. 3 h. 15 | m. 8 h. 10 | s. 6 h. 50 | 1res 5 fr. 40 c ; 2mes 3 fr. 80 c |
| Arrivée.... | m. 9 h. 30 | s. 5 h. 45 | s. 11 h. 15 | s 1 h. » | s. 1 h. 04 | s 4 h. 40 | m. 9 h. 25 | s. 8 h. 15 | 3mes 2 fr. 95 c |

## OUEST

### PARIS A CHERBOURG. — CHERBOURG A PARIS.

| | 1re classe. | 1re, 2e, 3e cl. | | 1re, 2e, 3e cl. | 1re, 2e, 3e cl. | Prix des pl. : |
|---|---|---|---|---|---|---|
| Dép. | m. 11 h. 25 | s. 8 h. » | Dép. | m. 7 h. 10 | s. 4 h. 45 | 1res 41 fr. 55 ; 2mes 31 fr. 15 |
| Arr | s. 9 h. 30 | m. 7 h. 15 | Arr. | s. 5 h. » | m. 4 h. 35 | 3mes 22 fr. 85 |

HOTELS

### PARIS A RENNES. — RENNES A PARIS.

| | 1re cl. | 1re, 2e cl. | | 1re, 2e, 3e cl. | 1re, 2e, 3e cl. | Prix des places: |
|---|---|---|---|---|---|---|
| Départ.... | m. 10 h. 30 | s. 8 h. » | Départ.... | m. 7 h. » | s. 7 h. » | 1res 41 fr. 90 ; 2mes 31 fr. 40 |
| Arrivée... | s. 8 h. 15 | m. 5 h. 25 | Arrivée.... | s. 4 h. 30 | m. 5 h. » | 3mes 23 fr. 05 |

*HOTEL*

ABRÉVIATIONS : m. matin, s soir. — Les trains de 1re, 2me et 3me classe

## [OU]EST (Suite)

### PARIS A ROUEN.

| | 1re classe. | 1re, 2e, 3e | 1re classe. | 1re, 2e cl. |
|---|---|---|---|---|
| Dép. | m. 8 h. 25 | midi | s. 6 h. » | minuit 15 |
| Arr. | m. 11 h. 05 | s. 4 h. 20 | s. 8 h. 40 | m. 3 h. 15 |

Prix des places : 1res 15 fr. 25 c. — 2mes 11 fr. 40 c. — 3mes 8 fr. 40 c.

### ROUEN A PARIS.

| | 1re, 2e, 3e | 1re, 2e, 3e | 1re, 2e cl. | 1re classe. | 1re, 3e, 3e |
|---|---|---|---|---|---|
| ...... | m. 6 h. 15 | m. 9 h. 15 | s. 1 h. 45 | s. 8 h. 35 | minuit 45 |
| ...... | s. 10 h. 30 | s. 1 h. » | s. 6 h. » | s. 11 h. 20 | m. 5 h. 05 |

*HOTELS*

### ROUEN A DIEPPE.

| | 1re, 2e, 3e | 1re, 2e, 3e | 1re, 2e, 3e | 1re, 2e cl. | 1re, 2e, 3e |
|---|---|---|---|---|---|
| ... | m. 7 h. 15 | m. 11 h. 35 | s. 4 h. 55 | s. 9 h. 07 | m. 3 h. 40 |
| ... | m. 9 h. 25 | s. 1 h. 20 | s. 7 h. 05 | s. 10 h. 35 | m. 5 h. 45 |

### DIEPPE A ROUEN.

| 1re, 2e, 3e | 1re, 2e, 3e | 1re, 2e, 3e | 1re, 2e | 1re, 2e, 3e |
|---|---|---|---|---|
| m. 6 h. 45 | m. 11 h. » | s. 5 h. 25 | s. 7 h. » | s. 9 h. 50 |
| m. 8 h. 45 | m. 1 h. 10 | s. 7 h. 35 | s. 8 h. 20 | s. 11 h. 55 |

Prix des places : 1res 7 fr. 25 c. — 2mes 5 fr. 50 c. — 3mes 4 fr. » c.

### ROUEN AU HAVRE.

| | 1re, 2e, 3e | 1re, 2e cl. | 1re, 2e, 3e | 1re, 2e, 3e | 1re cl. | 3e cl. | 1re, 2e cl. |
|---|---|---|---|---|---|---|---|
| [Dé]p. | m. 6 h. » | m. 11 h. 20 | midi | s. 4 h. 35 | s. 8 h. 55 | m. 3 h. » | m. 4 h. 05 |
| [Ar]r. | m. 9 h. 05 | s. 1 h. 10 | s. 3 h. 05 | s. 7 h. 30 | s. 11 h. 15 | m. 5 h. 40 | m. 6 h. 20 |

### HAVRE A ROUEN.

| | 1re, 2e, 3e | 1re, 2e, 3e | 1re, 2e, 3e | 1re, 2e cl. | 1re, 2e, 3e | 1re, 2e, 3e |
|---|---|---|---|---|---|---|
| [Dé]part.. | m. 6 h. 35 | m. 11 h. » | s. 2 h. 15 | s. 6 h. » | s. 6 h. 30 | s. 10 h. » |
| [Ar]rivée.. | m. 9 h. » | s. 1 h. 30 | s. 5 h. 10 | s. 8 h. 05 | s. 9 h. 35 | minuit 15 |

Prix des places : 1res 10 fr. 30 — 2mes 7 75 — 3mes 5 65

HOTELS

## [M]IDI

### PARIS A LYON.

| | 1re, 2e, 3e | 1re cl. | 1re, 2e, 3e | 1re cl. | 1re, 2e, 3e | 1re, 2e, 3e |
|---|---|---|---|---|---|---|
| Dép. | m. 6 h. 35 | m. 11 h. 05 | s. 1 h. 45 | s. 7 h. 45 | s. 8 h. » | s. 10 h. 40 |
| Arr. | s. 11 h. 15 | s. 10 h. 05 | m. 4 h. 30 | m. 4 h. 50 | m. 6 h. 30 | s. 5 h. 20 |

### LYON A PARIS.

| | | | | | | |
|---|---|---|---|---|---|---|
| [Dé]part....... | m. 5 h. 45 | m. 7 h. 40 | m. 11 h. » | s. 7 h. 45 | s. 8 h. 05 | s. 9 h. 15 |
| [Ar]rivée....... | s. 10 h. 15 | s. 6 h. 30 | m. 4 h. 05 | m. 5 h. 10 | m. 6 h. 50 | m. 12 h. 05 |

Prix des places : 1res 57 fr. 35 — 2mes 43 » — 3mes 31 55

GRAND
*HOTEL DE LYON*
RUE IMPÉRIALE.

### LYON A MARSEILLE.

| | 1re, 2e, 3e | 1re cl. | 1re, 2, 3e | 1re, 2e, 3e | 1re cl. |
|---|---|---|---|---|---|
| [Dé]p. | m. 5 h. 30 | m. 7 h. 30 | m. 10 h. 20 | s. 8 h. » | s. 10 h. 45 |
| [A]rr. | s. 6 h. 30 | s. 3 h. 45 | s. 10 h. 14 | m. 8 h. 06 | m. 6 h. 35 |

### MARSEILLE A LYON.

| 1re, 2e, 3e | 1re cl. | 1re, 2e, 3e | 1re cl. |
|---|---|---|---|
| m. 7 h. 25 | m. 11 h. 30 | s. 9 h. 15 | s. 10 h. 30 |
| s. 7 h. 58 | s. 7 h. 24 | m. 9 h. 25 | m. 7 h. » |

Prix : 1res 39 fr. 20 — 2es 29 fr. 40 — 3es 21 fr. 55

### MARSEILLE A TOULON.

| | 1re, 2e, 3e | 1re, 2e, 3e | 1re, 2e, 3e | 1re, 2e cl. | 1re, 2e, 3e |
|---|---|---|---|---|---|
| [D]ép. | m. 7 h. » | m. 8 h. 50 | m. 12 h. 30 | s. 4 h. 15 | s. 7 h. 20 |
| [A]rr. | m. 8 h. 55 | m. 11 h. » | s. 2 h. 05 | s. 6 h. 10 | s. 9 h. 30 |

### TOULON A MARSEILLE.

| 1re, 2e, 3e | 1re, 2e cl. | 1re, 2e, 3e | 1re, 2e, 3e | 1re, 2e, 3e |
|---|---|---|---|---|
| m. 6 h. 20 | m. 3 h. 05 | s. 1 h. 20 | s. 5 h. 05 | s. 8 h. 10 |
| m. 8 h. 31 | m. 10 h. 53 | s. 3 h. 21 | s. 7 h. 16 | s. 10 h. 02 |

Prix : 1res 7 fr. 50 — 2es 5 65 — 3es 4 15

### LYON A GENÈVE.

| | 1re, 2e, 3e | 1re, 2e, 3e | 1re, 2e, 3e |
|---|---|---|---|
| [D]ép. | m. 5 h. 40 | m. 11 h. 25 | s. 3 h. 10 |
| [A]rr. | m. 11 h. 25 | s. 5 h. 25 | s. 9 h. 15 |

### GENÈVE A LYON.

| | 1re, 2e, 3e | 1re, 2e, 3e | 1re, 2e, 3e |
|---|---|---|---|
| Dép. | m. 6 h. 20 | s. 1 h. » | s. 4 h. 35 |
| Arr. | m. 11 h. 30 | s. 7 h. 05 | s. 10 h. 24 |

Prix des places : 1res 18 fr. 15 — 2mes 13 fr. 60 — 3mes 10 fr. »

*HOTEL DE LA MÉTROPOLE*

### PARIS A SAINT-ÉTIENNE.

| | 1re cl. | 1re, 2e, 3e | 1re, 2e, 3e | 1re, 2e, 3e |
|---|---|---|---|---|
| [D]ép. | s. 11 h. » | s. 4 h. 20 | m. 7 h. 10 | s. 12 h. 20 |
| Arr. | m. 2 h. 46 | m. 8 h. 48 | m. 11 h. 05 | s. 3 h. 03 |

### SAINT-ÉTIENNE A PARIS.

| 1re cl. | 1re, 2e, 3e | 1re, 2e, 3e | 1re cl. |
|---|---|---|---|
| s. 11 h. 40 | s. 4 h. 19 | m. 1 h. 45 | m. 5 h. 45 |
| m. 3 h. 25 | m. 8 h. » | s. 12 h. 50 | s. 11 h. 05 |

Prix des pl. : 1res 56 fr. 20 — 2mes 42 fr. 15 — 3mes 30 fr. 90

### PARIS A DIJON.

| | 1re, 2e, 3e | 1re cl. | 1re, 2e, 3e | 1re, 2e, 3e | 1re cl. | 1re, 2e, 3e | 1re, 2e, 3e |
|---|---|---|---|---|---|---|---|
| Dép. | m. 6 h. 35 | m. 11 h. 05 | m. 11 h. 25 | s. 1 h. 45 | s. 7 h. 45 | s. 8 h. » | s. 10 h. 40 |
| Arr. | s. 4 h. 15 | s. 5 h. 25 | s. 9 h. 30 | s. 10 h. 52 | m. 1 h. 18 | m. 2 h. 25 | m. 8 h. 27 |

### DIJON A PARIS.

| | | | | | | | |
|---|---|---|---|---|---|---|---|
| Dép. | m. 6 h. 10 | m. 9 h. » | midi 07 | s. 5 h. 56 | s. 11 h. 26 | minuit 28 | m. 3 h. 02 |
| Arr. | s. 4 h. 10 | s. 8 h. 30 | s. 6 h. 30 | m. 4 h. 05 | m. 5 h. 10 | m. 6 h. 55 | m. 12 h. 05 |

Prix des places : 1res 35 fr. 30 — 2es 26 35 — 3es 19 40

HOTELS

### PARIS A NANTES.

| | 1re cl. | 1re, 2e, 3e | 1re cl. | 1re, 2e, 3e |
|---|---|---|---|---|
| Dép. | m. 9 h. 35 | m. 10 h. 30 | s. 9 h. 25 | s. 11 h. 15 |
| Arr. | m. 7 h. 30 | s. 10 h. 50 | m. 6 h. 40 | s. 1 h. 43 |

### NANTES A PARIS.

| 1re, 2e, 3e | 1re cl. | 1re, 2e, 3e | 1re cl. | 1re, 2e, 3e |
|---|---|---|---|---|
| minuit 35 | s. 7 h. » | s. 9 h. 28 | m. 7 h. » | m. 7 h. 25 |
| m. 3 h. » | m. 4 h. 13 | s. 2 h. 50 | s. 5 h. » | s. 10 h. 30 |

Prix des pl. : 1res 47 fr. 80 — 2es 35 85 — 3es 26 30

### PARIS A PÉRIGUEUX.

| | 1re, 2e, 3e | 1re cl. |
|---|---|---|
| Départ......... | s. 7 h. » | s. 9 h. 25 |
| Arrivée......... | m. 11 h. 53 | m. 9 h. 21 |

### PÉRIGUEUX A PARIS.

| | 1re, 2e, 3e | 1re, 2e, 3e |
|---|---|---|
| Départ... | s. 3 h. 38 | s. 1 h. 05 |
| Arrivée... | s. 4 h. 56 | m. 4 h. 56 |

Prix des places : 1res 55 fr. 90 — 2mes 41 90 — 3mes 30 75

*HOTELS*

### PARIS A BORDEAUX.

| | 1re cl. | 1re, 2e, 3e | 1re cl. | 1re, 2e, 3e |
|---|---|---|---|---|
| Dép. | m. 9 h. 10 | m. 12 h. » | s. 8 h. 45 | s. 10 h. » |
| Arr. | s. 10 h. 40 | m. 5 h. 25 | s. 8 h. 20 | s. 2 h. 05 |

### BORDEAUX A PARIS.

| 1re, 2e, 3e | 1re, 2e, 3e | 1re, 2e, 3e | 1re cl. | 1re cl. |
|---|---|---|---|---|
| s. 11 h. 15 | m. 9 h. 50 | minuit | m. 8 h. 05 | s. 8 h. 25 |
| s. 6 h. 21 | m. 3 h. » | s. 7 h. 39 | s. 8 h. 55 | s. 11 h. 56 |

Prix des places : 1res 64 fr. 75 — 2mes 48 55 — 3mes 35 60

### BORDEAUX A CETTE.

| | 1re, 2e, 3e cl. | 1re classe |
|---|---|---|
| Départ | m. 5 h. 45 | m. 9 h. 15 |
| Arrivée | minuit | s. 9 h. 05 |

### CETTE A BORDEAUX.

| | 1re classe | 1re, 2e, 3e cl. |
|---|---|---|
| Départ. | m. 5 h. » | m. 5 h. 10 |
| Arrivée | s. 5 h. » | s. 10 h. 55 |

Prix des pl. : 1res 53 fr. 30 — 2mes 40 » — 3mes 29 30

*HOTELS*

### BORDEAUX A BAYONNE.

| | 1re, 2e, 3e cl. | 1re, 2e, 3e cl. |
|---|---|---|
| Départ. | m. 9 h. » | s. 2 h. 45 |
| Arrivée | s. 2 h. 45 | s. 9 h. 47 |

### BAYONNE A BORDEAUX.

| | 1re, 2e, 3e cl. | 1re, 3e, 3e cl. |
|---|---|---|
| Départ | m. 9 h. » | s. 3 h. 30 |
| Arrivée | s. 4 h. 15 | s. 10 h. 35 |

Prix des pl. : 1res 22 fr. 20 — 2mes 16 65 — 3mes 12 20

*HOTELS*

desservent toutes stations intermédiaires entre les départs et les arrivées.

**BIARRITZ.** Bains renommés dans les Pyrénées. Hôtel *de France.*

**BLOIS.** Stat. Orléans. 16 000 hab. Beau château. Hôtel *d'Angleterre.*

**BORDEAUX.** Stat. Orléans. 124 000 hab. Hôtels : *Quatre-Sœurs, France, Paris.*

**BOURGES.** Stat. Orléans. 22 000 hab. Cathédr. Hôtel *de France.*

**BREST.** 56 000 hab. Port de mer et arsenal. Hôtel *Grand Monarque.*

**BRETEUIL.** Stat. Nord. 2 400 hab. Abbaye Sainte-Marie ; église Saint-Maur. Hôtel *d'Ange.*

**CAEN.** Stat. Ouest. 40 500 hab. Cap. du Calvados. Hôtel *Humbry.*

**CALAIS.** Stat. Nord. 13 000 hab. Hôtels : *Buffet, Dessein.*

**CAMBRAI.** Stat. Nord. 19000 hab. Hôtel-de-Ville. Hôtel *de l'Europe.*

**CANNES.** 5 000 hab. Situé à 84 kilom. de Nice. Hôtels : *Bellevue* et *Bristol.*

**CARCASSONNE.** Stat. Midi. 20 000 hab. Chef-lieu de l'Aude. Hôtel *Bonnet.*

**CASSEL.** Stat. Nord. On y parle le flamand. Hôtel *du Sauvage.*

**CAUTERETS.** Célèbres bains dans les Hautes-Pyrénées. Hôtel *de France.*

**CETTE.** Stat. Midi. 15 000 hab. Port de mer important. Hôtel *des Bains.*

**CHALONS-SUR-MARNE.** Stat. Est. 14 500 hab. Hôtels : *de la Cloche, de la Mère-Dieu.*

**CHALON-SUR-SAONE.** Stat. Lyon-Méditerr. 15 700 hab. Hôtel *de l'Europe.*

**CHANTILLY.** Stat. Nord. 2 500 hab. Hôtel *de la Pelouse.*

**CHARTRES.** Stat. Ouest. 16 600 hab. Belle cathédrale. Hôtel *de la Poste.*

**CHATEAUROUX.** Stat. Orléans. 14 000 hab. Hôtel *de la Poste.*

**CHATELLERAULT.** Stat. Orléans. 11 300 hab. église Saint-Jean. Hôtel *de l'Espérance.*

**CHERBOURG.** Stat. Ouest. 28 000 hab. Port de mer. Hôtel *de l'Univers.*

**CLERMONT-FERRAND.** Stat. Lyon. 50 500 hab. Hôtel *de la Poste.*

**COMPIÈGNE.** Stat. Nord. 9 800 hab. Château impérial. Hôtel *de la Cloche.*

**CORBEIL.** Stat. Orléans. 4 600 hab. Départ. de Seine-et-Oise.

**COUTANCES.** Stat. Nord. 8 950 hab. Cathédrale. Hôtel *de France.*

**CREIL.** Stat. Nord. 1 600 hab. Grandes fabriques de poterie.

**DIEPPE.** Bains de mer. Hôtels : *de Londres, des Armes de France, Royal, de la Plage.*

**DIJON.** Stat. Lyon. 27 000 hab. Musée, théâtre, etc. Hôtel *de la Cloche.*

**DINAN.** 9 000 hab. Cathédrale de Saint-Sauveur. Hôtel *de Bretagne.*

**DOLE.** Stat. Lyon. Dans le Jura ; sur le Doubs. Hôtel *de France.*

**DOUAI.** Stat. Nord. 18 000 hab. Hôtel : *de Flandre et du Commerce.*

**DUNKERQUE.** Stat. Nord. 30 000 hab. Port de mer. Hôtel *Chapeau-Rouge.*

**EAUX-BONNES.** Par Pau (Pyrénées). Hôtel *de France.*

**EAUX-CHAUDES.** Par Pau (Pyrénées). Hôtel *de France.*

**ENGHIEN.** Stat. Nord, à 28 kilom. de Paris. Hôtel *des Quatre-Pavillons.*

**ÉPERNAY.** Stat. Est. 7 300 hab. Hôtels : *de l'Europe, de l'Écu.*

**ÉVREUX.** Stat. Ouest. 11 800 hab. Chef-lieu de l'Eure. Hôtel *du Grand-Cerf.*

**FONTAINEBLEAU.** Stat. Lyon. 8 200 hab. Hôtel *de Londres.*

**GRANVILLE.** Petite ville maritime. 8000 hab. Hôtel *du Nord.*

**GRENOBLE,** dans l'Isère. 26 800 hab. Fortif. Musée. Cathédrale.

**HAVRE.** Stat. Ouest. 80 000 hab. Port de mer et grand comm. Hôtel *de l'Europe.*

**HYÈRES** (îles d'Hyères). Bains. 9000 hab. Hôtel *des Ambassadeurs.*

**HONFLEUR.** Port de mer. 11 000 hab. Hôtel du *Cheval-Blanc.*

**JOINVILLE.** Stat. Est. Bien situé sur la Marne. Hôtel *du Soleil-d'Or.*

**LAMOTHE.** Stat. Midi. Station du chemin de fer de Bordeaux (Bayonne).

**LANGRES.** Stat. Est. 9 000 hab. Cathédrale, musée. Hôtel *de l'Europe.* (*Suite page 35.*)

**LAON.** Stat. Nord. 10000 hab. Fortif. Hôtel *La Hure.*
**LA ROCHELLE.** Stat. Orléans. 15000 hab. Port de mer. Hôtel *de France.*
**LAVAL.** Stat. Ouest. Théâtre. Hôtel *de Paris.*
**LE MANS.** Stat. Ouest. Théâtre. Cathédrale, boulevards. Hôtel *Dauphin.*
**LIBOURNE.** Stat. Orléans. 10500 hab. (Gironde). Hôtel *de France.*
**LILLE.** Stat. Nord. 69000 hab. Belle ville. Hôtel *de l'Europe.*
**LIMOGES.** Stat. Orléans. 57000 hab. Hôtel *du Périgord.*
**LISIEUX.** Stat. Ouest. Petite ville en Normandie. Hôtel *de France.*
**LUZ.** (Hautes-Pyrénées.) Hôtel *des Pyrénées.*
**LYON.** Seconde ville de France. Soieries. Hôtels : *de Lyon, Collet,* etc.
**MACON.** Stat. Lyon. 12600 hab. Vins. Hôtels : *de l'Europe, Champs-Élysées.*
**MANTES** Stat. Ouest. 5000 hab. Cathédrale. Hôtel *Grand-Cerf.*
**MARSEILLE.** Stat. Lyon-Médit. Port de mer. Hôtels : *des Empereurs, du Louvre.*
**MEAUX.** Stat. Est. 10000 hab. Cathédrale. Hôtel *la Sirène.*
**MELUN.** Stat. Lyon. 7500 hab. Hôtel *de France.*
**METZ.** Stat. Est. 44000 hab. Ville fortif. Hôtel *de l'Europe.*
**MOISSAC.** Stat. Midi. 11000 hab. Hôtel *Grand-Soleil.*
**MONTAUBAN.** Stat. Orléans. 25000 hab. Hôtel *de l'Europe.*
**MONTBRISON.** Stat. Lyon. 6400 hab. Hôtel *du Centre.*
**MONTPELLIER.** Stat. Lyon-Médit. 40000 hab. Hôtel *du Midi.*
**MULHOUSE.** Stat. Est. 21000 hab. Fabriques. Hôtel *de Paris.*
**NANCY.** Stat. Est. 40600 hab. Hôtel *d'Angleterre.*
**NANTES.** Stat. Orléans. Grand commerce. Hôtel *de France.*
**NEVERS.** Stat. Orléans. 16000 hab. Hôtel *de France.*
**NIMES.** Stat. Lyon. 50000 hab. Hôtel *Grand-Hôtel du Luxembourg.*
**NOYON.** Stat. Nord. 5500 hab. Hôtel *des Chevalets.*
**ORLÉANS.** Stat. Orléans. 44000 hab. Hôtel *du Loiret.*
**PARIS.** (Voir notre *Indicateur*).
**PAU.** (Basses-Pyrénées.) 15000 hab. Bains. Hôtel *de l'Europe.*
**PEYREHORADE.** Hôtel *Chez.*
**PIERREFONDS-LES-BAINS.** Hôtel *des Bains.*
**POITIERS.** Stat. Orléans. 26000 hab. Hôtel *de France.*
**PONT-AUDEMER.** Hôtel.
**PONTOISE.** Stat. Nord. 5500 hab. Hôtels : *Grand-Cerf, Messageries.*
**RENNES.** Stat. Ouest. 35000 hab. Hôtel *de la Corne-de-Cerf.*
**REIMS.** Stat. Est. 44000 hab. Hôtel *du Lion d'Or.*
**RIOM.** Stat. Lyon. 15000 hab. Hôtel *Colonne.*
**RIVE-DE-GIER.** Stat. Lyon. 15000 hab.
**ROANNE.** Stat. Lyon. 12000 hab. Hôtel.
**ROCHEFORT.** Stat. Orléans. 19000 hab. Hôtel *des Étrangers.*
**ROUBAIX.** Stat. Nord. 24000 hab. Hôtel .
**ROUEN.** Stat. Ouest. 91000 hab. Hôtels : *Albion, d'Angleterre.*
**SAINT-DENIS.** Stat. Nord. 15000 hab. Hôtel.
**SAINT-ÉTIENNE.** Stat. Lyon. 54000 hab. Hôtels : *de l'Europe, du Nord.*
**SAINT-GERMAIN.** Hôtel .
**SAINT-JEAN-DE-LUZ.** Hôtel *Saint-Étienne.*
**SAINT-LO.** Stat. Ouest. Hôtel *du Soleil-Levant.*
**SAINT-OMER.** Stat. Nord. 54000 hab. Hôtel *de l'Ancienne-Poste.*
**SAINT-QUENTIN.** Stat. Nord. 25000 hab. Hôtel *du Cygne.*
**SAUMUR.** Stat. Orléans. 14000 hab. Hôtel *Budan.*
**STRASBOURG.** Stat. Est. 65000 hab. Hôtel *de Paris, Maison-Rouge.*
**TARBES.** Hôtel *du Grand-Soleil.*
**THANN.** Stat. Est. 4000 hab. Hôtel .
**THIONVILLE.** 6000 hab. Hôtel *du Luxembourg.*
**TOULON.** Stat. Lyon. 45000 hab. Hôtels : *Croix-de-Malte, Croix-d'Or.*
**TOULOUSE.** Stat. Midi. 86000 hab. Hôtel *de l'Europe.*
**TOURS.** Stat. Orléans. 30000 hab. Hôtels : *du Faisan, l'Univers, de Bordeaux.*
**TROYES.** Stat. Est. 26000 hab. Hôtel .
**VALENCE.** Stat. Lyon. 14000. Hôtel *de la Poste.*
**VALENCIENNES.** Stat. Nord. 21000 hab. Hôtel *du Commerce.*
**VERSAILLES.** Stat. Ouest. 30000 hab. Hôtel *des Réservoirs.*
**VICHY.** Bains. Hôtels : *de la Paix, Guillermen.*
**VIENNE.** Stat. Lyon-Médit. 20000 hab. Hôtel .
**VIERZON.** Stat. Orléans. 5000 hab. Hôtel *de la Croix-Blanche.*
**YVETOT.** Stat. Ouest. Hôtel *des Victoires.*
**CHAMOUNIX.** Hôtels : *Londres et d'Angleterre, Couronne, Mont-Blanc.*

OPTICAL INSTRUMENTS

**THE INGINEER CHEVALIER**

PLACE DU PONT-NEUF, 15

Manufacturer of Microscopes, of improved double Opera Glasses, Military Telescopes, Telescopes of all kinds, Mathematical, Metereological Instruments for Natural Philosophy, the Navy, etc., author of the "Conservateur de la vue; de l'Essai sur l'art de l'ingénieur," etc. Inventor of the Jumelles centrées (Improved Opera Glasses.)

21, Passage Delorme. — Atelier, rue d'Argenteuil, 47

**THOMAS**

BREVETÉ (s. g. d. g.)

Méd. de 1re cl. — Expos. de 1855

Arquebusier de S. M. le Roi de Suède et de Norwége

FOURNISSEUR DE LA VILLE DE PARIS

Rue St-Louis, 62 (Marais) — **MODES** — Rue St-Louis, 62 (Marais)

Mme DUPUIS

Elégance. Prix très-modérés. Expédition en province

**POMMADE DE TOURNIAIRE**

CONTRE

*Les pellicules du cuir chevelu (Pityriasis)*

**Le Flacon, 2 fr. 50 c.**

Dépôts chez les principaux parfumeurs et dans les bonnes pharmacies

*Pour la vente en gros, s'adresser chez l'inventeur*

**Pharmacie DUTIL, 51, rue Montorgueil**

Exp. un. 1855. — Méd. de 1re cl.

**ORFÉVRERIE**

COSSON-CORBY

*Fabricant*

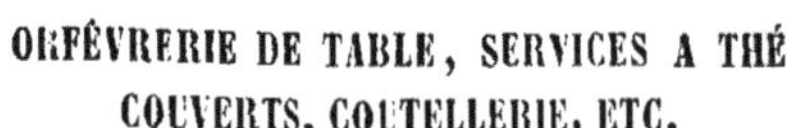

ORFÉVRERIE DE TABLE, SERVICES A THÉ

COUVERTS, COUTELLERIE, ETC.

PIÈCES D'ART

DÉPOT DE ROUGE ANGLAIS

**13, place du pont Neuf, en face de Henri IV**

PARIS

**Maison de Santé**

ET

**D'ACCOUCHEMENT**

AUX

**DÉLICES-SUR-SAINT-JEAN**

**A GENÈVE** (SUISSE)

Directrice-propriétaire, Mme RENARD, maîtresse-sage-femme, professeur d'accouchement élève de la Faculté de médecine et des hôpitaux de Paris, ci-devant Champs-Elysées.

Traitement des maladies des dames, par Mme RENARD, dont les succès sont constants depuis 1843.

**HIPPOCURATE** Topique cicatrisant, pour la guérison des plaies et blessures des chevaux.

Prix du Flacon : **2 fr. 25 c.**

**G. DROUET,** BREVETÉ s. g. d. g.

**61, boulevard de Strasbourg, à Paris**

Ouverture le 1er juin

**DIEPPE**

CASINO SPLENDIDE

THÉATRES

CONCERTS ET BALS

**BAINS DE MER**

ET

HYDROTHÉRAPIE

Salons de Lecture

et de

CONVERSATION

# L'EUROPE A VOL D'OISEAU

**Prix. — Départ de Paris — Communications — Durée du voyage. — Hôtels.**

**AARAU** (Suisse). Pr. 69, 52 et 38 fr. Durée, 17 h. Gare de Strab., par Bâle, Zurich. — Hôtel *du Nouveau-Pont.*

**AIX-LA-CHAPELLE**. Pr. 49, 37 et 27 fr. Durée, 11 h. Ch. fer Est. — Hôtels: *du Grand-Monarque*, Dremmel, propriétaire; un des meilleurs de l'Europe; *des Quatre-Saisons*, M. Huber; *de la Cour-Impériale*, M. Ilpyer; *de Belle-Vue*, M. Franck; *de l'Empereur*. Communication avec les bains de l'Empereur, source principale d'Aix-la-Chapelle. — Hôtel et bains *de la Rose*, à Borcette.

**AJACCIO**. Pr. 106, 78 et 63 fr. — Durée, 3 jours. Chem. de fer de Lyon à Marseille. Bat. à vap., en 19 h. — Hôtel *de l'Europe.*

**ALGER**. Pr. 1re cl. 156 fr.; 2e, 118 fr.; 3e, 105 f. Durée, 4 jours. Dép. Paris par le chem. de fer de Lyon, les dimanches et jeudis pour Marseille; de là, par bat. à vap., à Alger. — Hotel *de la Régence.*

**AMSTERDAM**. Pr. 61, 45 et 35 fr. Durée, 20 h. Gare du Nord, par Anvers, Rotterdam. Bat. à vap. pour Harlingen et Lemmer; de là p. dilig, à Leuwarden et Groningen, le matin. — Hôtels: *des Pays-Bas, de Brachs'-Doelené-Hotel, de l'Etoile*, recommandé au commerce, H. Forchiana.

**ANCONE**. Pr. 321. Durée, 6 jours Départ, chem. de Lyon, par Marseille et Florence.

**ANVERS**. Pr. 45, 32 et 25 fr. Durée, 10 h. Départ, ch. fer Nord, même dép. que Bruxelles. — Hôtel *Saint-Antoine de Schmitt Spaenhoven*, le meilleur de la Belgique.

**ATHÈNES**. Pr. 412 et 271 fr. Durée 13 jours. Ch. de fer de Lyon, par Marseille.

**AUGSBOURG**. Pr. 83 et 59 fr. Durée 20 h Chem. de fer de Strasb. — Hôtel *des Trois-Maures.*

**BADEN-BADEN**. Pr. 65, 48 et 35 fr. Durée 13 h. 40 m. Ch. fer de Strasb., par Strasb. et Kehl. — Hôtels: *de l'Europe, de Victoria.*

**BALE**. Pr. 45 et 32 fr. Durée 14 h. Gare de Strasb. Hôtel *des Trois-Rois.*

**BARCELONE**. Pr. 162, 131 et 120 fr. Durée 4 j. Dep. par ch. de fer Lyon, par Marseille.

**BASTIA** (Corse). Pr. 112, 81 et 70 fr. Durée 4 j. Par ch. de fer Lyon, par Marseille.

**BERLIN**. Pr. 140 et 98 fr. Durée 26 j. Ch. de fer du Nord, par Cologne.

**BERNE**. Pr. 87, 68 et 55 fr. Durée, 25 h. Ch. fer de Strasb. — Hôtel *du Faucon.*

**BIRMINGHAM**. Pr. 101 et 74 fr. Durée, 20 h. Ch. de fer du Nord, par Londres. — *Ancen's hotel.*

**BOLOGNE** (Italie). Pr. 182, 125 et 112 fr. Durée, 7 j. Ch. fer Lyon, par Marseille. Hôtels: *Villa, Parisis.*

**BONN**. Pr. 62, 47 et 32 fr. Durée, 12 h. Par ch. de fer Strasb. Bât. à vap. de Bonn pour Bingen, Mayence, Manheim, 5 fois par jour. — Hôtel *de l'Etoile d'Or*, le meilleur du Rhin.

**BRESLAU**. Pr. 172, 129 et 81. Durée, 36 h., par Strasb. et Berlin. — Hôtel *de l'Oie d'or.*

**BRIGHTON**. Pr. 35, 25 fr. Durée, 9 heures, par Dieppe, et bât. à vap. chaque jour. — Hôtel *Old-Ship.*

**BRUCHSAL**. Pr. 65, 46 fr. Durée, 16 h. Gare de Strasb. — Hôtel *Zahringerhorf.*

**BRUGES**. Pr. 35 et 20 fr. Durée, 11 h. Ch. fer Nord. — Hôtel *de la Fleur de Blé.*

**BRUNN**. Pr. 180, 124 et 88 fr. Durée, 55 h., du Nord. — Hôtel *Zum-Kaiser.*

**BRUNSWICK**. Pr. 96, 70 et 52. Durée, 24 h. Dép. ch. fer Strasb.

**BRUXELLES**. Pr. 39, 29 et 19 fr. Durée, 8 h. Gare du Nord. — Hôtels: *de Flandres; de la Grande-Bretagne*, place Royale; confortable et prix modéré; *de Saxe*, Kervand-Obermeyer, près la station des chem. de fer, de la Bourse et du Grand-Théâtre. Prix modérés; *de Windsor*, L. Duhent; *de Groenendael*, rue de la Putterie, M. A. Partoes. — *Dentelles-Violard*, rue des Sablons, 2. *Cigares fins*, Am. Bogaert, 43, rue Saint-Jean.

**CADIX**. Pr. 399, 295 et 284. Durée, 11 j. Ch. de fer de Lyon, par Marseille.

**CARLSBAD** (thermes en Bohême). Pr. 138, 101 et 79 fr. Durée, 54 h. Ch. fer Nord.

**CARLSRUHE** Pr. 60, 45 et 33 fr. Durée, 14 h. Dép. ch. fer Strasb. — Hôtels: *d'Angleterre, de la Croix-d'Or.*

**CASSEL** (Hesse). Pr. 95, 71 et 54 fr. Durée, 18 h. Gare Strasb. par Francfort.

**CIVITA-VECCHIA**. Pr. 190. II f. 130. III f. 118. Durée, 4 j. Dép. de Paris, par ch. de fer de Lyon, à 8 exp. s. tous les deux jours par Marseille, de là p. bat. à vap. — Hôtel *Orlandi's.*

**COBLENTZ**. Pr. 66, 50 et 35 fr. Durée, 25 h.

Ch. de fer Nord, et Cologne, de là p. bat. à vap., en 4 h. — Hôtel *du Géant*.

**COLOGNE.** Pr. 59 et 44 fr. Durée, 12 h. Gare du Nord. — Hôtels *Disch*, MM. Disch et Capellen, fréquenté par l'aristocratie et la haute banque; *Cité de Mayence*, vis-à-vis la Russie; *du Rhin*, M. John [illegible]. — Véritable eau de Cologne de Jean-Marie-Farina, maison fondée en 1717, place Juliers, 4.

**CONSTANCE.** Pr. 61 et 49 fr. Durée, 30 h., par ch. de fer Strasb.

**COPENHAGUE.** Pr. 175, 124 et 94 fr. Durée, 60 h. par ch. de fer Nord.

**CORFOU.** Pr. 412, 308 et 278. Durée, 6 j. par ch. fer Nord. — Hôtel *Fontaine*.

**COURTRAY.** Pr. 35, 27 et 19 fr. Durée,  h. Ch. fer Nord.

**CRACOVIE.** Pr. 189 et 135 fr. Durée, 54 h.

**DANTZIG.** Pr. 190, 153 et 96 fr. Durée, 60 h. par ch. fer Nord.

**DARMSTADT.** Pr. 60 et 45 fr. Durée, 23 h. Ch. fer Strasb. — Hôtel *du Raisin*.

**DONAUWERTH.** Pr. 90 et 72 fr. Durée, 36 h. Ch. fer Strasb. — Hôtel *de la Poste*.

**DORDRECHT.** P. 76 et 58 fr. Durée, 16 h. Ch. fer Nord. — Hôtel *du Faucon*.

**DOUVRES.** Pr. 48, 36 et 29 fr. Durée, 8 h. 30. Ch. fer Nord, par Calais. — Hôtel *Lord Warren*.

**DRESDE.** Pr. 148 et 105 fr. Durée, 28 h. Ch. fer Nord. — Hôtel *Victoria*.

**DUBLIN.** Pr. 136 et 107 fr. Durée, 30 h. Ch. fer Nord et par Londres. — Hôtel.

**DUSSELDORF.** Pr. 62, 47 et 32 fr. Durée, 15 h. Ch. fer Nord et par Aix-la-Chapelle. — Hôtel *Breidenbacher hof*.

**EDIMBOURG.** Pr. 185 et 125 fr. Durée, 35 h. Ch. fer Nord, par Calais, Douvres, Londres. — Hôtel.

**ELBERFELD.** Pr. 63, 48 et 35 fr. Durée, 16 h. Gare du Nord, par Aix-la-Chapelle. — Hôtel *Kurpfalzer hof*.

**EMS.** Pr. 71, 53 et 33 fr. Durée, 20 h. Ch. fer Nord, par Cologne et Coblentz. — Hôtel *d'Angleterre*.

**ERFURT.** Pr. 117, 89 et 62. Durée, 27 h. Gare de Strasb., par Francfort.

**FLORENCE.** Pr. 175, 125 et 100 fr. Durée, 6 j. Ch. fer Lyon, par Marseille et Livourne. — Hôtel *Schneider*.

**FOLKESTONE.** Pr. 41, 31 et 26 fr. Durée, 7 h. Gare du Nord, par Boulogne.

**FORBACH** 51, 38 et 28 fr. Gare de Strasb.

**FRANCFORT-SUR-LE-MEIN.** Pr. 76, 56 et 40 fr. Durée, 20 h. Gare de Strasb., par Forbach et Mayence. — Hôtels *de Russie, de l'Union*.

**FRIBOURG** (Baden). Pr. 67, 50, 40 fr. Durée, 19 h. Ch. fer Strasb., par Kehl. — Hôtels *de Zahringen, de l'Ange d'Or* (place de la Cathédrale).

**FRIBOURG** (Suisse). Pr 99, 72 et 59 fr. Durée, 70 h. Gare de Lyon. — Hôtel.

**FRIEDRICHSAVEN** (lac de Constance). Pr. 87, 66 et 54 fr. Durée, 24 h. Gare de Strasb., par Ulm. Hôtel *de la Poste*.

**GAND.** Pr. 34, 25 et 19 fr. Durée, 10 h. 30. Gare du Nord. — *Grand Hôtel-Royal*, place d'Armes, tenu par M Marit.

**GÊNES.** Pr. 150, 102 et 91 fr. Durée, 4 j. Ch. fer Lyon, par Marseille. — Hôtels *de la Villa, de France, de l'Albergo Nazionale*.

**GENÈVE.** Pr. 70, 52 et 39 fr. Durée, 19 h. Gare de Lyon. — Hôtel *de l'Écu de Genève*.

**GLADBACH.** Pr. 60 et 45 fr. Durée, 15 h. Gare du Nord, par Aix-la-Chapelle. — Hôtel.

**GOTHA.** Pr. 120, 82 et 59 fr. Durée, 30 h. Gare de Strasb., par Francfort.

**GRATZ.** Pr. 225 et 148 fr. Durée, 96 h. Ch. fer Nord.

**GREY-TOWN.** Pr. 1602, 1327 et 975. Durée, 27 j. Ch. fer Nord, par Londres.

**HAMBOURG.** Pr. 120, 85 et 62 fr. Durée, 24 h. Gare du Nord, par Cologne. — Hôtel.

**HAMM** (Allemagne). Pr. 56 et 40 fr. Durée, 15 h. Gare du Nord, par Cologne. — Hôtel.

**HANOVRE.** Durée,  h. Ch. fer Nord, par Cologne. — Hôtel.

**HARLEM.** Pr. 93, 66 et 51 fr. Durée, 20 h. Gare du Nord. — Hôtel *du Lion-d'Or*.

**HEIDELBERG.** Pr. 73, 54 et 40 fr. Durée, 21 h. Gare de Strasbourg, par Strasbourg. — Hôtel *du Prince-Charles*.

**HEILBRON.** Pr. 80, 60 et 50 fr. Durée, 20 h. Gare de Strasbourg, par Strasbourg. — Hôtel *Zum Falken*.

**HOMBOURG** (bains). Pr. 82, 63 et 42 fr. Durée, 20 h. Gare de Strasbourg. — Hôtel *de Russie*.

**INSPRUCK.** Pr. 152 et 136 fr. Durée, 3 j. Gare de Strasbourg, par Friedrichshaven. — Hôtel.

**ISCHL** (Tyrol). Pr. 150 et 120 fr. Durée, 5 h. Gare de Strasb., par Linz-sur-Danube. — Hôtel.

**JERSEY.** Pr. 65, 52 et 45 fr. Durée, 48 h. Gare Montparnasse, à Saint-Malo, de là par bat. à vap., en 3 h. — Hôtel.

**KEHL.** Pr. 58, 75 et 52 fr. Durée 12 h. Ch. de fer de Strasbourg. — Hôtel *de la Poste*.

**KIEL.** 124, 87 et 62 fr. Durée 59 h. Ch. fer Nord, par Cologne.

**KOENIGSBERG.** Pr. 211, 153 et 113 fr. Durée 50 h. Gare Nord, par Cologne. — Hôtel .

**LA HAYE.** Pr. 60, 45 et 35 fr. Durée, 20 h. Gare du Nord, par Bruxelles. — Hôtels : *de Bellevue*, *de l'Europe, de Paulez, du Vieux Doeler, de la Grande-Cour Impériale, Fuhri.*

**LAIBACH.** Pr. 275, 194 et 145. Durée, 90 h. Gare du Nord, par Vienne (Autriche).

**LAUZANNE.** Pr. 70, 54 et 45 fr. Durée, 24 h. Gare de Lyon par Genève. — Hôtel *de la Balance.*

**LEIPZICK.** Pr. 134 et 93 fr. Durée, 25 h. par ch. de fer Nord, Cologne. — Hôtel *du Dauphin.*

**LEMBERG.** Pr. 234 et 196 fr. Durée, 118 h. Gare du Nord, par Cologne. — Hôtel *du Rhin.*

**LIÉGE.** Pr. 41, 31 et 22 fr. Durée, 8 h. Gare du Nord. — Hôtel *de Suède.*

**LISBONNE.** Pr. 352, 252 fr. Durée, 7 jours, par chem. fer Nord. Des bat. à vap. partent de Nantes pour Lisbonne les 5, 15, et 25 de chaque mois, à midi. — Hôtel *du Danube.*

**LIVERPOOL.** P. 134, 111 et 63 fr. Durée, 18 h., par chem. fer Nord, par Calais, Douvres, Londres.

**LIVOURNE.** Pr. 164, 109 et 82 fr. Durée, 5 j., par chem. fer, par Marseille. — Hôtel *de l'Aigle-Noir.*

**LOUÈCHE-LES-BAINS** (Valais). Pr. 77, 45 et 36. Duree, 30 h. Ch. de fer Lyon. — Hôtel des *Alpes.*

**LOUVAIN** (Lowen). Pr. 38, 28 et 21 fr. Durée, 10 h. Gare du Nord, par Bruxelles. — Hôtel *de Suède.*

**LUXEMBOURG.** Pr. 57, 48 et 39 fr. Durée, 17 h., par le chem. de fer de Strasb. par Metz. — Hôtel.

**LUBECK.** Pr. 124, 87 et 65 fr. Durée, 38 h. Gare du Nord, par Cologne. — Hôtel *de la Grande-Bretagne.*

**LUCERNE.** Pr. 80, 63 et 50. Durée, 20 h. 30. Par chem. de Strasb. — Hôtel *de l'Hirondelle.*

**LUCQUES.** Pr. 170, 114 et 86. Durée, 5 j. Par chem. fer de Lyon par Marseille.

**MADRID.** Par le chemin de fer d'Orléans, Bordeaux et Bayonne. — Hôtel.

**MAGDEBOURG.** Pr. 110, 76 et 55 fr. Durée, 32 h. Par le chem. du Nord, par Cologne. — Hôtel.

**MALINES.** Pr. 37, 27 et 20 fr. Durée, 12 h. Chem. fer Nord. — Hôtel *de la Grue.*

**MALTE.** Pr. 292 et 195 fr. Durée, 6 jours, par le ch. de fer de Lyon et Marseille. — Hôtel *Bentley's.*

**MANCHESTER.** Pr. et même départ que Liverpool. — Hôtel *Royal.*

**MANHEIM.** Pr. 75, 56 fr. Durée, 13 h. Gare Strab. — Hôtel *de l'Europe, du Palatinat (Zum Pfalzerhof), du Rhin.*

**MAYENCE.** Pr. 94 et 53 fr. Durée, 15 h. Gare Strasb. par Forbach. — Hôtel *du Rhin.*

**MESSINE.** Pr. 274 et 177 fr. Durée, 8 j., par le ch. de fer de Lyon, par Marseille. — Hôtel *de la Grande-Bretagne.*

**MILAN.** Pr. 122 et 103 fr. Durée, 59 h. Ch. fer de Strasb., par Bâle. — Hôtel *Reichmann.*

du Nord, Pr. 63, 45 et 34 fr. Durée, 30 h. Gare

**MONS.** Pr. 33, 25 et 19 fr. Durée, . Nord. — Hôtel *Royal.*

**MOSCOU.** Pr. 448, 294 et 243 fr. Durée, 217 h. Ch. fer Nord, par Berlin et Varsovie.

**MULHOUSE.** Pr. 58, 45 et 32 fr. Durée, 11 h. Gare de Strasbourg. — Hôtel *de la Cigogne.*

**MUNICH.** Pr. 92 et 75 fr. Durée, 36 h. Ch. de fer de Strasb. — Hôtel de *l'Europe.*

**MUNSTER** (Allemagne). Pr. 80, 59 et 41 fr. Durée, 20 h. Gare du Nord, par Cologne. — Hôtel *de la Couronne.*

**NAMUR.** Pr. 35 et 26 fr. Durée, 7 h. Gare du Nord. — Hôtel *Harscamp.*

**NAPLES.** Pr. 232, 151 et 110 fr. Durée, 7 j. Ch. de fer de Lyon, par Marseille. — Hôtel *Victoria.*

**NAUPLIE.** Pr. 436, 287 et 200 fr. Durée, 24 j. Ch. de fer de Lyon.

**NICE.** Pr. 115, 82 et 71 fr. Durée, 2 j. Ch. de fer de Lyon, par Marseille. — Grand hôtel *Chauvin,* confortable et moderne.

**NIEDERORONN** (bains). Même départ, par Haguenau.

**NUITS-SUR-RAVIÈRE.** Pr. 25, 18 et 13 fr. Gare de Lyon. — Hôtel *du Commerce.*

**NUREMBERG.** Pr. 95, 75 et 61 fr. Durée, 40 h. Ch. de fer de Strasbourg. — Hôtel *du Cheval-Rouge.*

**ODESSA.** Durée, 206 h. Gare du Nord, par Col., Berlin, Cracovie, Lemberg.

**OFFENBOURG.** Pr. 56, 42 et 32 fr. Durée, 16 h. Ch. de fer de Strasb., par Kehl.

**ORAN.** Pr. 207, 162 et 150 fr. Durée, 6 j. Ch. fer Lyon, par Marseille.

**OSTENDE.** Pr. 39, 29 et 21 fr. Durée, 16 h. Ch. de fer du Nord. — Hôtel *Fontaine.*

**PADOUE.** Pr. 280, 207 et 185 fr. Durée, 6 j. Ch. de fer de Strasb. — Hôtel *de l'Étoile-d'Or.*

**PALERME.** Pr. 274, 177 et 166 fr. Durée, 9 j. Ch. de fer de Lyon, par Marseille et Naples. — Hôtel *Martino.*

**PESTH.** Pr. 245, 174 et 134 fr. Durée, 81 h. Ch. de fer du Nord, par Cologne.

**PISE.** Pr. 167 fr. Durée, 5 j. Ch. de fer de Lyon. Hôtel *du Hussard.*

**POSEN.** Pr. 136, 121 et 85 fr. Durée, 48 h. Ch. de fer du Nord, par Cologne. — Hôtel.

**PRAGUE.** Pr. 154 et 101 fr. Durée, 45 h. Ch. de fer du Nord. — Hôtel.

**RATISBONNE** (Regensburg). Pr. 110 et 82 fr. Durée, 40 h. Ch. de fer de Strasb.

**ROLANDSECK** (sur le Rhin). Gare du Nord pour Cologne. — Hôtel *Rolandseck.*

**ROME.** Durée, 6 j. Ch. de fer de Lyon et Marseille. — Hôtels *d'Angleterre* et *de Minerve,* place Minerve, 69.

**ROTTERDAM.** Pr. 56, 42 et 34 fr. Durée, 18 h. Gare du Nord par Bruxelles. — *Nouvel hôtel des Bains* (New-Bath hotel).

**SAARBRUCK.** Pr. 52, 39 et 29 fr. Gare de Strasb. Hôtel *de la Poste.*

**SAINT-PÉTERSBOURG.** Pr. 375, 254 et 223 fr. Durée, 107 h. Ch. de fer du Nord, par Cologne, Berlin, Stettin, de là par bat. à vap.

**SALSBOURG.** Pr. 108 et 92 fr. Durée, 75 h. Gare de Strasb., par Munich. — Hôtel.

**SCHAFFHOUSE.** Pr. 78, 61 et 48 fr. Durée, 36 h. Gare de Strasb., par Bâle.

**SOUTHAMPTON.** Pr. 105 et 77 fr. Durée, 18 h. Gare du Nord, par Douvres. — Hôtel.

**SPA** Pr. 46 et 35 fr. Durée, 10 h. Gare du Nord, comme Aix-la-Chapelle. — Hôtel *de Flandre.*

**STETTIN.** Pr. 145, 105 et 75 fr. Durée, 42 h. Gare du Nord, par Cologne.

**STUTTGARDT.** Pr. 71, 56 et 14 fr. Durée, 18 h. Ch. de fer de Strasb. — Hôtels *de Russie, de St-Pétersbourg.*

**TOURNAY.** Pr. 31, 23 et 17 fr. Durée, 9 h. Ch. de fer du Nord.

**TRIESTE.** Pr. 252, 184 et 165 fr. Durée, 4 j. Ch. de fer du Nord.

**TURIN.** Pr. 105, 85 et 68 fr. Durée, 36 h. Ch. de fer de Lyon, par Mâcon. — Hôtel *Feder,* un des meilleurs de l'Italie.

**ULM.** Pr. 77 et 60 fr. Durée, 18 h. Ch. de fer de Strasb. — Hôtel *de la Poste.*

**VARSOVIE.** Gare du Nord, par Cologne.

**VENISE.** Pr. 270, 197 et 175 fr. Durée, 5 j. Ch. du Nord, par Trieste, de là par bateau à vapeur, en 18 h. — Hôtel.

**VÉRONE.** Pr. 280, 200 et 185 fr. Durée, 4 j. Ch. de fer de Strasbourg, par Munich. — Hôtel *du Grand-Paris.*

**VEVEY.** Pr. 82, 50 et 40 fr. Durée, 35 h. Gare de Lyon, par Salins et Lausanne. — Hôtel *Monnet.*

**VIENNE** (Wien). Pr. 225, 157 et 120 fr. Durée, 70 h. Gare du Nord, par Cologne.

**WIESBADEN.** Pr. 65, 50 et 36 fr. Durée, 17 h. Gare de Strrsbourg, par Forbach. — Hôtel et bains *de la Poste.*

**WISEMBOURG.** Même que Strasbourg. Pr. 57, 42, 31 et 20 fr.

**ZURICH.** Pr. 78, 62 et 49 fr. Durée, 22 h. Gare de Strasb., par Bâle. — Hôtel *de Baur.*



# CHEMIN DE FER DU NORD.

**VOYAGES A PRIX RÉDUIT**

**EN HOLLANDE, EN BELGIQUE, DANS LES PROVINCES RHÉNANES ET LE NORD DE LA FRANCE,**

*Billets valables pour un mois, en 1re classe. — Prix : 105 francs.*

L'itinéraire circulaire tracé ci-dessous peut être parcouru dans un sens ou dans l'autre, au choix des touristes.— Séjour facultatif dans toutes les villes du parcours, et notamment à

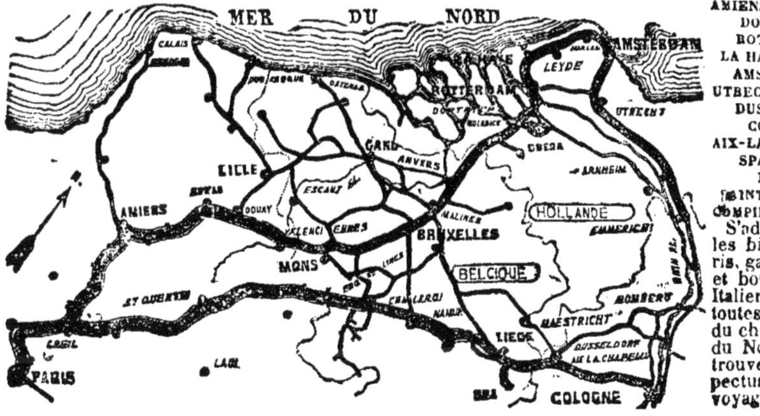


AMIENS, BRUXELLES, DORTRECHT, ROTTERDAM, LA HAYE, LEYDE, AMSTERDAM, UTRECHT, ARNHEIM, DUSSELDORF, COLOGNE, AIX-LA-CHAPELLE, SPA, LIÉGE, NAMUR, SAINT-QUENTIN, COMPIÈGNE, PARIS

S'adresser, pour les billets, à Paris, gare du Nord, et boulevard des Italiens, n. 4, et à toutes les stations du chemin de fer du Nord, où l'on trouve le prospectus détaillé du voyage.

Rue Richelieu, 97
Passage Mirès, escalier 5, au 1er.

# MAISON RETZ

MANTEAUX DE COUR
HAUTES NOUVEAUTÉS
LINGERIE. — TROUSSEAUX

PARIS

36, Boulevard des Italiens, 36

—

# DEVISME

ARQUEBUSIER

**Révolver de poche**

NOUVEAU MODÈLE.

--

**Révolver d'arçon**

NOUVEAU MODÈLE.

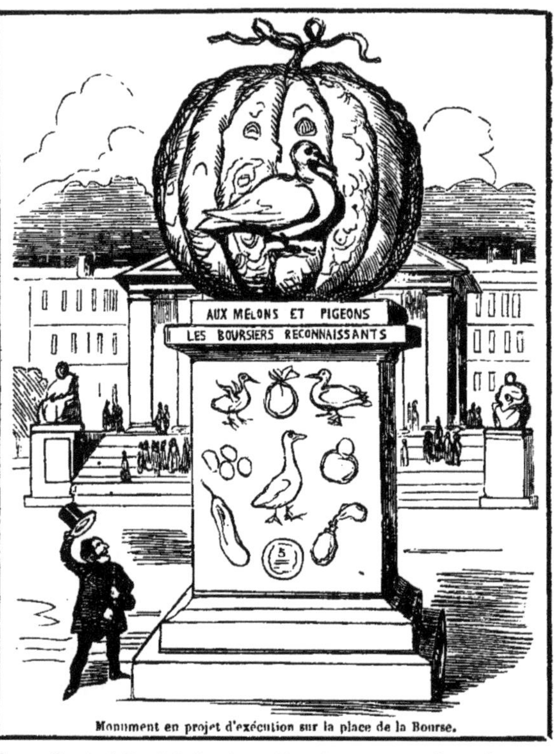

Monument en projet d'exécution sur la place de la Bourse.

**BOREL**, warranted, w. g. of the g. Quai of the Schol, 10. — Furnitures some iron, for gardens, tools of gardens, and universallz all furnitures of horticulture.

Price medal
Londres — 1851

# PENDULES

ne se remontant qu'une fois par

# AN

1re classe
Paris — 1855

HORLOGERIE

# ACHILLE BROCOT

BRONZES

**PARIS. — 6, rue du Parc-Royal**

**LONDRES. — 59, Wood street (Cheapside)**

# MAISON DE SANTÉ
ET
## D'ACCOUCHEMENT
DIRIGÉE
**Par Mme ROBERT**
*Maîtresse sage-femme*

Ce bel Établissement, exclusivement réservé aux dames, est situé au milieu d'un vaste jardin. Il offre toutes les garanties désirables de discrétion, se recommande par sa bonne tenue et sa moralité. — Pavillons et jardins particuliers pour une dame qui désirerait rester seule.

L'expérience acquise durant 20 années par Madame Robert, et son titre de professeur d'accouchements sont un sûr garant des soins éclairés que l'on reçoit chez elle.

*Salle de Bains. — Piano. — Bibliothèque. — Journaux. — Nourrices. — Layettes, etc.*

Pour autres renseignements, s'adresser, jusqu'à midi,
A M. Robert, médecin, rue Saint-Louis-en-l'Ile, 27
Ou à Mme Robert, le mardi et le samedi jusqu'à 5 heures

# CHAUDIÈRES INEXPLOSIBLES
A VAPEUR INSTANTANÉE. Division de l'eau, surchauffement de la vapeur, économie considérable. S'ad. à M. HÉDIARD ger., r. Taitbout, 25, ou à M. JOLY.

SANTÉ ! **Mme CHANTAL** BEAUTÉ !

Fille et Successeur de la célèbre Feue Madame MA.
**61, RUE RICHELIEU, au rez-de chaussée**

EAU INDIENNE CHANTAL. Teinture merveilleuse, prompte dans ses effets, inoffensive dans ses résultats. Aussi, malgré les contrefaçons de toutes sortes, maintient-elle sur ~~toutes~~ sa supériorité incontestable pour teindre a la minute et pour toujours les cheveux et la barbe. Trente années d'une vogue constante attestent ses succès réels, et la sanction de la chimie constate une inocuité dont elle conserve l'avantage. — Pour éviter toute erreur, toute plainte possible, n'avoir confiance que dans les articles portant le nom d'Eau indienne de Chantal. Exhaussement du front. Dans les précieux manuscrits de sa mère, feue Mme MA, Mme CHANTAL a trouvé une composition infaillible qui a la vertu de découvrir et exhausser le front, séparer les sourcils, faire tomber à l'instant et pour toujours, sans le moindre inconvénient, tout poil ou duvet importun. — CRÈME DE TURQUIE. Ce produit unique, bienfaisant, dû aux savantes investigations de feu Mme MA, a la vertu de blanchir le teint, d'adoucir la peau, de donner du ton, de la fraîcheur, de la fermeté aux chairs, d'enlever les boutons et de faire disparaître avec le hâle toutes sortes de taches au visage. Mme CHANTAL, seule héritière de ce précieux secret, appelle l'attention de sa clientèle sur cette production inimitable. Certaine du succès, elle en permet l'essai.

VENTE EN GROS chez LEPERDRIEL-MARINIER, Rue Sainte-Croix-de-la-Bretonnerie, 54, à Paris.

TAFFETAS VULNÉRAIRE

PHARMACIES DE VOYAGE
**MARINIER**
SEULES BREVETÉES (S. G. D. G.)
Indispensables aux voyageurs, chasseurs, militaires, pêcheurs, et toutes personnes désirant avoir sous la main les médicaments les plus usuels en cas d'accidents.

VENTE AU DÉTAIL : Pharmacie LEPERDRIEL, Rue du Faubourg-Montmartre, 76, à Paris.

SOULAGEMENT INSTANTANÉ
**DES CORS, OIGNONS,**
DURILLONS, OEILS DE PERDRIX
Par l'emploi des Rondelles
VMM
**VÉGÉTO-MINÉRAL MARINIER**

**10, rue du Four Saint-Honoré, 10**
Près l'Église Saint-Eustache, côté Saint-Honoré

# MAISON DORY
Fondée en 1823

**Cinq services tous les jours**
**par 215 porteurs**

## DISTRIBUTION D'IMPRIMÉS
A DOMICILE

*Journaux, Brochures, Prospectus, Convocations*

**CARTES DE VISITE, LETTRES DE FAIRE PART**
NAISSANCES, MARIAGES, DÉCÈS

Fourniture de Journaux au jour, à la semaine et à la quinzaine

**CONFECTION D'ADRESSES**
POUR PARIS ET LES DÉPARTEMENTS

Recouvrements de toutes espèces de Valeurs pour Paris et la Banlieue.

# DISDÉRI
*Nouvelle spécialité de Portraits*

**Grosseur Nature**
**Demi-Nature.....** } **100** fr.
**ou Tiers-Nature..**

M. Disdéri opère lui-même

## CHEMINS DE FER DE L'EST

**SERVICES INTERNATIONAUX A GRANDE VITESSE**

VIA STRASBOURG-KEHL

**Paris à Baden et à Francfort-sur-le-Mein** sans changement de voiture.

**Paris à Constantinople, par Munich et Vienne.** Trajet en cinq jours et demi, dont 4 heures de mer.

Billets directs valables pendant un mois pour les principales localités étrangères. — 30 kil. de bagages franco jusqu'à destination.

DÉPARTS DE PARIS : train express, 6 h. 30 matin. — Train poste. 8 h. 10 soir. Train semi-direct, 1re, 2e et 3e cl., 9 et 11 h. soir. — Train omnibus, 6 h. 45 soir. — A partir du 1er juin, nouvelle accélération des trains entre Paris et Vienne.

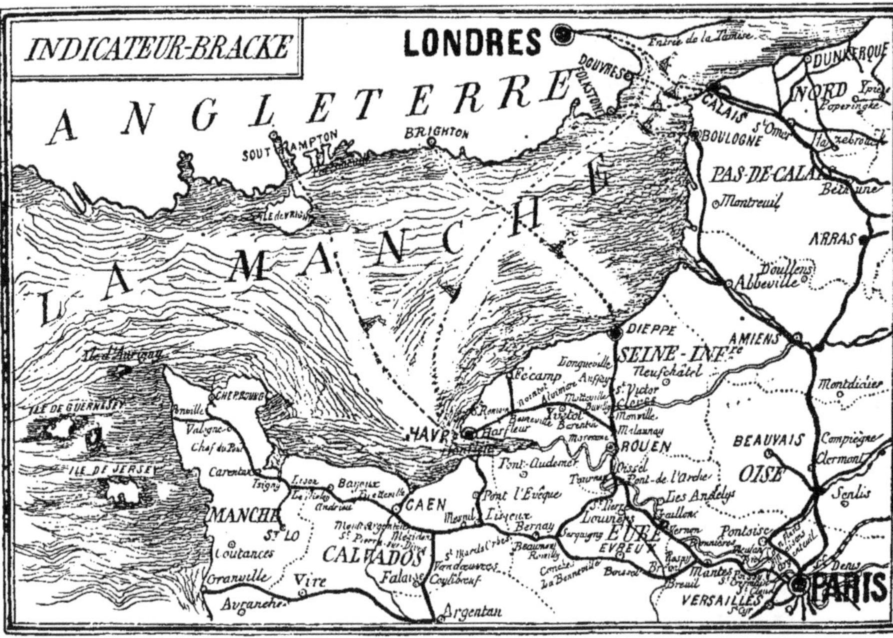

# LONDRES & SES ENVIRONS

A tous ceux qui n'ont pas encore visité l'Angleterre, le *Livret-Chaix* conseille la route de la Tamise. La Tamise est la véritable entrée de Londres, comme les Champs-Elysées sont celle de Paris. Le voyageur y trouvera une première impression qu'il n'éprouverait plus aussi vivement à d'autres voyages. L'on va aussi à Londres par Calais et Douvres, par le Havre et Southampton, par Dieppe et Newhaven, en prenant le chemin de fer à la sortie du bateau.

Avant de vous embarquer, prenez note de ce préservatif contre le mal de mer.

Le mal de mer n'est qu'un mal mécanique, qui ne peut se guérir que par un remède mécanique : *similia similibus.*

Les intestins formant une masse mobile dans l'abdomen, quand le vaisseau plonge par le tangage, le corps le suit, mais la masse viscérale éprouve un léger retard qui réagit sur le diaphragme, comprime le foie et presse la vésicule biliaire, qui dégorge son contenu dans l'estomac; de là, tous les accidents de la *vomiturition* à vide, la plus pénible de toutes.

Cela étant admis comme physiquement certain, rien n'est plus aisé que de se préserver du mal de mer; il suffit d'un ceinturon serré au-dessous du thorax (au défaut des côtes), muni d'une seconde branche qui, partant de derrière, passe sous le périnée et vient se rattacher sur l'ombilic, au ceinturon principal, à l'aide d'une boucle qui sert à abaisser et maintenir la masse abdominale sur le bassin, pour ne faire qu'un tout avec la charpente organique. C'est une sorte d'empaquetage intestinal dans les cavités splanchniques. Cela fait, le mal s'apaise, et l'on n'éprouve plus que le plaisir de se sentir agréablement bercé sur le sein de Thétis, comme disent les poëtes.

Nous nous sommes surpris, pendant les plus violentes tempêtes, à demander un plus fort roulis, comme l'enfant à la balançoire. Il y a vingt ans que nous continuons l'expérience de ce système, que nous n'avons cherché qu'après avoir horriblement souffert du mal en question. Les épreuves faites, par nous et nos amis, nous avions cru devoir en faire part à l'Académie française, mais plusieurs docteurs s'étant mis à la traverse avec des systèmes plus savants et plus incompréhensibles, le nôtre a été *noyé;* une épreuve récente nous permet d'insister sur son efficacité; nous avons déposé, à l'Exposition d'économie domestique, notre ceinturon, qui n'en a pas été chassé comme nuisible au commerce des bonbons de Malte, lesquels sont d'un grand débit, mais d'une non moins grande inutilité. Nous ne forçons pas les gens à se servir de notre ceinturon; nous nous bornons à leur dire que c'est un prophylactique à bon marché; nous savons ce à quoi nous nous exposons en essayant de soulager nos semblables par paroles ou par actions, sans diplôme; mais nous risquons tout pour lancer une vérité que nous croyons utile à la société, ce fétiche aveugle qui mord la main qui le sert, et lèche celle qui le trompe.

On a publié de belles théories sur les causes du mal de mer, mais on n'a pas trouvé notre remède, qui est beaucoup trop simple pour des savants, puisqu'il se comprend même par les ignorants.

Nous devons ajouter que quand on veut se coucher à bord, il faut toujours se tourner, la tête placée vers la proue, et que si on veut marcher sur le pont sans trébucher, il ne faut jamais quitter l'horizon des yeux; c'est ce qui sert à se maintenir naturellement dans la perpendiculaire, et contribue à donner le *pied marin* que possèdent tous les matelots, lesquels se gardent bien de l'indiquer aux malheureux passagers, dont l'ébriété les divertit. C'est un secret de corporation tritonienne.

Ce qui précède n'est qu'un remède individuel à bon marché, mais nous avons le moyen de mettre à l'abri du mal; une ou deux cabines du navire, où l'on payera richement le droit d'entrer, quand on sentira venir les terribles nausées. Cette découverte décuplera probablement le nombre des voyageurs maritimes, dès qu'elle sera connue, et fera la fortune des compagnies de navigation qui en auront le monopole.

Ceci prouve jusqu'à l'évidence qu'un inventeur a le droit de traiter d'égal à égal avec la société, puisqu'il est maître de lui livrer ou de lui refuser son secret, et de l'emporter dans la tombe, sans qu'on puisse en retrouver la trace, même en le faisant ouvrir et analyser par les plus habiles chercheurs de morphine, de strychnine et de nicotine......

Maintenant, un mot sur Londres et sur son Exposition universelle, sur ses monuments, ses curiosités.

En arrivant à Londres, ayez soin de consulter votre budget projeté pour votre dépense journalière, car il y a, selon les quartiers et les hôtelleries où l'on descend, une échelle graduée qui commence à 5 fr. par jour, et va jusqu'à 30, 60 et 80 fr., que l'on dépense dans les grands hôtels de Regent street, de Strand et de Piccadilly. Dans la Cité, l'on peut être assez bien pour 5, 8 et 10 fr. par jour. Les hôtels français sont établis autour de Leicester square. L'on trouve aussi des *apartements to let furnished*, pour 9 à 10 fr. par semaine, sans compter le service. Dans les *Boarding houses*, l'on peut être nourri et couché modestement, pour 25 fr. par semaine. Les restaurants sont connus sous le nom de *Dining rooms;* on y trouve des plats très-copieux à 80, 60, 40 et 30 centimes. Les *Healing shops*, ou boutiques à manger, sont très-communs; on y trouve une grande quantité de pâtisseries qui servent aux repas qu'on appelle *lunchs.* Les cafés français sont rares, à Londres. Les cafés anglais, dits *Coffee house,* sont sombres et d'un aspect triste, mais les journaux et les consommations y sont en abondance et à bon marché. Nos marchands de vin y sont remplacés par les *Public houses.* Les clubs y sont nombreux et forts riches, leurs résidences sont de véritables monuments. Quelques maisons de jeu attirent les étrangers par l'amorce de bals et de soupers fins, sous la protection d'une loi qui consacre l'inviolabilité du domicile.

Les restaurants à Londres.

Londres n'a pas de quais. Les maisons du rivage baignent dans la Tamise, sur laquelle elles s'ouvrent pour recevoir les cargaisons de toute espèce, dont la Cité est le vaste entrepôt.

Londres renferme un grand nombre de marchés, foires et bazars, monuments et antiquités, musées, galeries, bibliothèques, palais, hôtels et résidences, parcs, jardins et ménageries, places, ponts, ports, bassins, docks, et lieux de plaisir, que nous parcourerons en faisant le voyage que nous intitulons :

# UNE SEMAINE A LONDRES

Dimanche. — Consacrer ce jour à visiter les principaux jardins, parcs, églises. Assister aux offices de Westminster ou de Saint-Paul, et parcourir les principaux quartiers, tels que : Leicester square Charing cross, Regent Circus, Piccadilly, Oxford street, Holborn, Piccadilly, Regent street, The Haymarket, Pall-Mall, Whitehall, The Strand, Fleet street, Ludgate hill, Cheapside, St-Paul, Lombard street, King William street; car le dimanche, monuments, musées, théâtres, bals, exhibitions, tout est fermé à Londres.

Lundi. — Musée Britannique. — Regent's Park. — Zoological Garden (Jardin des plantes). — Bazar de Panton (Oxford Street). — Les beaux quartiers de Londres. — Concert de Surrey Garden.

Mardi. — La Garde montante. — Les Horse-Guards. — Le Palais de Saint-James. — Palais de Whitehall. — Place de l'exécution de Charles Ier. — La place Trafalgar. — La Galerie nationale de tableaux. — Hôtel Marlborough, Galerie des peintres anglais. — Le char qui a servi aux funérailles du duc de Wellington. — Parc de Saint-James. — Le palais de Buckingham, résidence de la Reine. — Les Ecuries royales, où se trouvent remisées les voitures du sacre et de gala. — Hyde-Park. — Bazar Pantechnicon. — Concert de musique militaire à Kensington-Garden. — Le soir, à l'Opéra Royal Italien, où l'on trouve des places à 8 fr. 75 c.

Mercredi. — Richmond, Hampton Court. — Le Palais-Royal et la remarquable Galerie de tableaux. — La Vigne qui produit chaque année 3,000 grappes de raisin. — Kew-Garden, jardin botanique royal (bateaux à vapeur). — Musée historique de M. Tussaud. — Le soir au Casino Laurent, ou le Polytechnique.

Jeudi. — Greenwich, Hôpital de la Marine. — Parc. — Promenade sur la Tamise. — Compagnie des Indes. — Le Tunnel. — Les Docks de Sainte-Catherine. — London-Docks. — Tour de Londres. — Visite à la Salle des Diamants de la Couronne. — La salle d'Armes et toutes les salles historiques de la Tour. — La Cité. — La Douane. — La Bourse au Charbon. — La Banque. — Mansion house. — Le Palais du Lord Maire. — Guildhall. — La Cathédrale de Saint-Paul. — Sommerset house. — Le Strand. — Le soir à Crémorne-Gardens.

En sortant de visiter *The Royal Exchange*, passer chez MM. Delangle, Lameth et Cie, merchants and Commission agents, 40, Bucklenburg, city Cheapside pour faire l'acquisition de la parfumerie supérieure de la maison Blanche et Tourneur, parfumeurs brevetés, 97, rue Richelieu, à Paris.

Vendredi. — Le Château royal de Windsor, la Chapelle de Saint-Georges, le Parc, les Ecuries, etc. — Virginia-Water, près du camp de Chobham. — Le soir, à un Théâtre anglais, ou le Wauxhall.

Samedi. — L'église de Westminster. — Les tombeaux. — Le Parlement, la Chambre des Lords. — La Chambre des Communes. — La Salle historique de Westminster, où a été condamné Charles Ier. — Les Tribunaux en séance. — La Brasserie de Barclay et Perkins. — Le monument de l'Exposition dernière, réédifié à Sydenham. — Le Colosséum.

Dimanche. — Repos. — Vie de famille; on se rembarquer pour la France.

## ENVIRONS DE LONDRES

Toutes les localités des environs de Londres, qui ıt un aspect des plus riants et des plus pittoresues, sont desservies par les omnibus, les chemins de fer et les bateaux à vapeur. Voici les principales :

*scot neal*, à 26 milles, célèbre par ses courses de chevaux.

*ath* (Somerset), à 105 milles. Bains minéraux. Voitures à Piccadilly.

*attersea*, à 4 milles, bords de la Tamise. Chemin de fer, omnibus et bateaux à vapeur.

*eulah spa, Norwod.* Pays pittoresque comme la Suisse. Eaux chaudes. Voitures à Charing Cross.

*lackheath*, 6 milles, près Greenwich. Beau point de vue, panorama naturel, grotte ancienne. Bateaux à vapeur, omnibus, chemin de fer.

*lackwall*, 2 milles 1/2, sur la Tamise. Chantiers de navires. Pays renommé pour ses petits poissons. Même locomotion.

*harlton*, 8 milles, entre Greenwich et Woolwich. Foire de Saint-Luc. Bateau à vapeur.

*helsea*, 2 milles, bords de la Tamise.

*hiswick*, 6 milles. Brasseries gigantesques. Château.

*lapham*, 3 milles. Point de vue délicieux. Chemin de fer.

*laremont*, 16 milles. Propriété du roi Léopold. Chemin de fer.

*Deptford*, 4 milles. Chantiers de marine. Toutes locomotions.

*Dulwich*, 4 milles. Galerie de tableaux.

*Edmonton*, 6 milles. Fêtes très-fréquentées.

*Epsom*, 16 milles, célèbre par ses courses de chevaux. Chemin de fer South-Western, station Waterloo-Bridge.

*Eton*, 21 milles, près de Windsor. Chemin de fer South-Western.

*Fulham*, 4 milles, sur la Tamise. Merveilleux jardins.

*Gravesend*, 22 milles. Affluence de 7 à 8,000 personnes tous les dimanches. Bals, concerts et feu d'artifice.

*Greenwich*, 5 milles, sur la Tamise. Le lundi de Pâques, cette localité est visitée par plus de 60,000 personnes. Parc, observatoire, hôpital d'une renommée européenne. Ch. de fer, bat. à vap.

*Hammersmith*, 4 milles, sur la Tamise.

*Hampstead*, 5 milles. Penchant d'une colline, coup d'œil admirable. Eaux minérales. Omnibus.

*Hampton Court*, domaine royal, 5 milles, sur les bords de la Tamise. Musée ouvert tous les jours. Bat. à vap., omnibus, ch. de fer.

*Harrowonn the hill*, 10 milles. Riante colline.

*Highgate*, 4 milles 1|2, près la résidence du comte de Mensfield.

Musique de la Garde Royale.

MOEURS ANGLAISES

Ce qui remplace agréablement nos colonnes des boulevards.

*Kew*, 7 milles, sur la Tamise. Château du prince de Galles. Jardins et ruines uniques dans leur genre. Omnibus, ch. de fer, bat. à vap.

*Primrose hill*, où ont lieu les luttes corps à corps.

*Putney*, 5 m., bords de la Tamise, où mourut Pitt.

*Richmond*, 9 milles, bords de la Tamise. Jadis résidence favorite des souverains de la Grande-Bretagne.

*Sydenham*, 9 milles 1/2. Eaux minérales. Ch. de fer.

*Wilsdon*, 7 milles, beau point de vue.

*Wimbledon*, 7 milles. Où a résidé le prince de Condé.

*Windsor*, 22 milles. Bâti par Guillaume le Con quérant, servit de résidence à Georges IV. L reine Victoria y séjourne. Le château y est visit par les étrangers. Le grand parc est peuplé pa des milliers de daims. La grande terrasse dépass en beauté celle de Saint-Germain. Bat. à vap., ch de fer, omnibus.

*Wolwich*, 9 milles, bords de la Tamise. Arsenal musée. Caserne d'artillerie et de marine. Résidence des forçats. Il faut un permis de l'Amirauté. Visible tous les jours. Omnibus, ch. de fer, bat. à vap.

**Londres. — Vue intérieure du Palais de l'Exposition de 1862.**

**Nef principale où ont eu lieu les cérémonies d'inauguration.**

## Musées, Palais, Monuments, Lieux de plaisirs

OUVERTS TOUS LES JOURS AU PUBLIC

*ntiquarian Museum*, dans Guildhall. Billets, t. l. j.
*t Union Society*, Suffolk street, Pall Mall. Billets, t. l. j.
*siatic Museum*, 5 New Burlington street.
*otanic Gardens*, dans Chelsea. Billets, t. l. j.
*otanical Gardens*, dans Regent's Park. Billets, t. l. j.
*ritish Institution*, 52, Pall Mall, t. l. j. 1 sh.
*ritish Museum*, Great Russell street, Bloomsbury.
*hrist's Hospital*, Newgate street. Billets, t. l. j.
*ollege of Surgeons Museum*, dans Lincoln's Inn fields. Billets.
*olosseum*, dans Regent's Park. T. l. j. et de 7 à 10 h. du soir. 1 sh.
*osmorama*, 209, Regent street. T. l. j. 1 sh.
*remorn Gardens*, dans Chelsea. Promenades, fêtes champêtres. T. l. j. 1 sh.

*Custom house* (Douane), dans Lower Thames street. T. l. j.
*Cyclorama*, dans Albany street, près Colosseum. T. l. j. 2 à 7 h. 1 sh. — On paye moitié prix seulement quand on visite aussi Colosseum.
*Diorama*, dans Regent's Park. T. l. j. 10 à 6 h. 2 sh.
*East Indian Museum*, dans Leadenhall street. T. l. j. 11 à 3 h. Billets. Fermé en octobre.
*Entomological Museum*, 17 Bond street. Mardi. Gratuit.
*Gallery of Illustration*, 14 Regent street. T. l. j. 1 sh.
*Geological Museum*, Charing Cross. T. l. j. Billets.
*Grosvenor Gallery*, dans Grosvenor street. T. l. j. Billets.
*Galerie de Mad. Tussaud*, Baker-street, Portman-

Boisson de Londres. — Le Porter. — Mais, garçon, c'est de l'encre ce que vous m'apportez ?
— Non, Monsieur, c'est le porter que vous avez demandé.
— Eh bien, alors, donnez moi une plume et du papier, j'ai justement à écrire à ma famille.

— Bonnejor, Mossé Frenchmann, palez vos Franci.
— Mon bon, voilà des petites filles qui ne parlent pas très-bien, mais ça m'a l'air d'avoir de fameuses dispositions.

square. T. l. j. 11 à 5 et 7 à 10. 1 sh.; 6 d. en sus pour visiter le Musée Napoléon.
*Hôpital de Greenwich.* T. l. j. La galerie de peinture est ouverte de 9 h. jusqu'à la brune; prix d'entrée, 4 d.
*Guidhall.* T. l. j. On peut visiter les appartements.
*Galerie Vernon,* Marlborough house. L., m. et s.
*Jonque chinoise,* quai du Temple, Essex street, Strand. T. l. j. 1 sh.
*Mansion house,* dans Poultry. T. l. j. 1 sh.
*La Monnaie,* Tower-hill, t. l. j. Billets.
*Le Monument,* Fish street hill, t. l. j. 6 pence.
*Musée des antiques,* Liverpool street, Bishopsgate, t. l. j.
*Musée des Missionnaires,* Bloomsield street, m. j. s.
*National galery,* Trafalgar square.
*Panorama,* Leicester square, t. l. j. 1 sh.
*Panorama du Nil,* Piccadilly, t. l. j. 1, 2 et 5 sh.
*Pantheon,* Oxford street, t. l. j.
*Parliament,* dans Charing cross. Billets.
*Polytechnic Institution,* dans Regent street, t. l. j. 1 sh.
*Royal Academy,* Charing cross. T. l. j. de 8 h. du m. à 7 h. du s., mai juin, et juillet. 1 sh.
*Royal Military Academy,* Chelsea. T. l. j.
*Saint Paul's Cathedral.* T. l. j. pour tout voir, 4 sh. 4 pence.
*Society of Arts,* dans Adelphi. T. l. j. Billets.
*Society of British artists,* Suffolk street, t. l. j. 1 sh.
*Tunnel,* dans Rotherhite. T. l. j. 1 penny.

'estminster Abbey. T. l. j. 6 pence.
ɔological Gardens, dans Regent's Park. T. l. j. lundi, 6 pence, autres jours avec un billet, 1 sh.
ɔwer of London (Tour de Londres), Thames street. T. l. j. 6 pence. Salle des joyaux seulement 6 pence.
auxhall Gardens. L'été seulement, t. l. j. à 7 h. du s. 2 sh. 6 pence.
*Casino Laurent*, dans Windmell street, hiver, 1 sh.
*Cosmorama*, 209, Regent street. Tableaux, 1 sh.

La Banque, les Chambres des Lords et des Communes, Hampton-Court.

Les *Jardins à thés*, aux extrémités de Londres, cafés chantants et guinguettes de la banlieue. Les *Tavernes*, diminutif des jardins à thé. Les *Saloons*, lieux de perdition pour la jeunesse anglaise, mais qu'un observateur doit connaître.

## THÉATRES

Le théâtres sont :

e *Théâtre de la Reine*, à l'angle de Haymarket et de Pall Mall ; on y joue l'opéra italien. Les dames sont admises au parterre.
*'ovent Garden*, Bow street, opéra italien.
*)rury Lane*, Bridge street, Covent Garden, opéra, ballets, pièces à grand spectacle.
*Iaymarket royal theatre*, dans Haymarket, opéra-comique, tragédie, drames, vaudevilles.
*'rincess's theatre*, Oxford street, même répertoire.
*ʃaint-James's*, King street, Saint-James, même répertoire.
*Royal Lyceum*, Wellington street, vaudevilles, féeries, grands spectacles, concerts.
*Idelphi*, Strand, vaudevilles, pièces burlesques.
*Royal Olympic*, Wych street, Drury-Lane, vaudeville, farces, opérettes.
*Mary-le-Done*, Church street, Paddingson, même genre.
*City of London*, Norton Folgate, Bishopsgate, même genre.
*Sadler's wells*, Saint-John's street road. New river kead Islington. Pantomimes comiques.
*Queen's theatre*, Tottenham courd road, drames,
*Royal pavillon*, White chapel road, ballets.
*Victoria*, Waterloo road, répertoire universel.
*Batty's new amphitheatre*, Westminster, Bridge road, cirque olympique, bonne troupe.

A l'exception des deux principaux théâtres, tous les autres réduisent leur prix de moitié à partir de neuf heures du soir.

—

A côté des théâtres proprement dits se sont élevées, depuis quelques années, des salles de concert et de divertissement qui ne relèvent point de l'autorité du lord chambellan. Ces dernières font aux salles de spectacle régulières (*licended*) une concurrence alarmante : on y joue de petites pièces, tout au moins des scènes qui attirent, toutes les fois, une grande affluence de curieux. Beaucoup d'Anglais préfèrent ces endroits-là, parce qu'ils y jouissent de plus de liberté qu'au théâtre : ils y fument leur cigare et y boivent leur verre de bière.

## Omnibus, Voitures et Bateaux à Vapeur

Les voitures de place sont au nombre de 7,000. Les prix de ces voitures ne se calculent pas comme à Paris, à la course, mais au mille, à l'heure ou à forfait. Le mille est de 1 shilling, un demi-mille, 6 pences. Ce prix est inférieur d'un tiers pour les cabriolets et les cabs. Le tarif est le même pour le jour comme pour la nuit. Des voitures de remise se louent à la journée.

Le prix des omnibus, qui sont actuellement au nombre de 3,000, n'est pas de 30 centimes, comme à Paris, il varie suivant la distance. Ces voitures transportent plus de 100,000 voyageurs par jour. Leur point central est Bishopsgate street, dans la Cité, et Grace church street, continuation de la même rue; Eslington et Newington sont aussi le point central. Le voyageur, habitant Leicester square, rendez-vous des étrangers, trouvera à Charing Cross, près de Trafalgar square, des omnibus marchant dans toutes les directions. La correspondance est inconnue.

Des bateaux à vapeur sillonnent toute la journée la Tamise. Ils transportent des voyageurs à des prix incroyables. Ces prix varient de un penny à quatre pences, selon la distance. Toutes les dix minutes un vapeur part de *Suspension Bridge* à *London Bridge* pour un penny. Tous les quarts d'heure il en part un autre du même endroit au *Tunnel* pour quatre pences.

## PALAIS DE L'INDUSTRIE

Cette vaste construction, où se trouveront entassés les produits des arts et de l'industrie de toutes les parties du monde, est en fer, en verre et en briques. Le fer coulé, forgé, a pris toutes les formes.

Des milliers de colonnes, de traverses en fonte ont remplacé les charpentes, pour soutenir et diviser les différents étages de l'édifice. Le verre répand partout la lumière en abondance, et préserve les visiteurs des variations de la température.

Les entrées sont bien placées; les dégagements abondent, et la circulation sera facile à travers les voies sans nombre de ce bazar universel.

Construit sur un sol très-uni, ce nouveau palais présente l'aspect d'un immense quadrilatère de 350 mètres de long sur 200 de profondeur, flanqué à ses angles d'élégants pavillons dominant les galeries de façades.

Du milieu de ces constructions, reliées entre elles avec beaucoup de soin et de régularité, s'élancent deux dômes octogones, de 76 mètres de hauteur, plus élevées de 4 mètres que Saint-Pierre de Rome, et d'un effet imposant.

La coupole est soutenue par des masses de piliers accouplés, dont la pose a demandé les soins les plus minutieux. De son centre, on peut embrasser l'ensemble de l'Exposition. L'œil plonge, de tous les côtés, sur les voies qui rayonnent ou se croisent de la manière la plus pittoresque.

Les salles sont bien disposées. L'architecte a profité des progrès, des perfectionnements obtenus en France depuis quelques années, au Louvre, au palais des Champs-Elysées. Les genres d'industries se suivent sans confusion, sans désordre.

L'arrangement des galeries destinées aux peintures est bien entendu. Le jour y est habilement rnagé. Le seul reproche que l'on soit en droit d'adresser à nos voisins, c'est de s'être attribué un te espace et d'en avoir si peu accordé aux artistes étrangers. Pour ne parler que de la France on a é obligé de batailler longtemps afin d'obtenir des places pour 258 peintres, sculpteurs, graveurs, architectes, lithographes! A l'Exposition universelle de Paris, en 1858, 799 numéros avaient été libéralement cordés aux artistes de l'autre côté du détroit.

De sages précautions ont été prises pour rendre la circulation facile autour du Palais, éviter les meutes devant les portes. Chaque entrée est précédée d'un porche qui permettra aux piétons, aux visiteurs en voiture, de descendre à couvert.

Dans les espaces réservés de l'intérieur du quadrilatère on a improvisé des jardins, des parterres, des quinconces, des rochers, des châteaux-d'eau, des kiosques. Il y aura de la verdure, de la fraîcheur, des fleurs, pour tous ceux qui voudront quelques instants aller respirer, loin de la foule, du bruit des machines incessamment en mouvement, et reposer leurs yeux éblouis par le spectacle de tant de merveilles.

L'eau et le gaz ont été facilement amenés dans toutes les parties du Palais. Les machines à vapeur et leurs indispensables accessoires, — les cheminées, les fourneaux, — sont installés à l'écart de manière à ne causer ni encombrement ni inquiétude.

Les buffets ont été installés dans de larges galeries, claires, aérées, où l'on pourra circuler à son aise, boire, manger, avoir ses coudées franches. On y trouvera des étagères immenses, destinées à recevoir les victuailles apportées chaque jour pour satisfaire les appétits de la foule; des caves pour les vins, la bière, les liqueurs; des offices pour les fruits, les confitures; des pièces consacrées aux verres, aux assiettes, à tous les instruments indispensables quand il s'agit de fonctions gastronomiques. Les frais du Palais s'élèvent à cinq millions. La souscription a dépassé sept millions. On compte sur ouze millions de recettes.

## LONDRES AUJOURD'HUI

« Depuis une dizaine d'années, dit Edmond Texier dans le *Siècle*, Londres a vu dans ses mœurs des changements qui témoignent que le vieil esprit anglais s'affaiblit ou se relâche.

» L'Angleterre est peut-être bien encore une sorte de Chine occidentale qui résiste aux influences étrangères, mais la métropole a fait bien des concessions aux faux dieux.

» Quand les *Frenchmen* débarquèrent à Londres, lors de la première exposition universelle en 1851, ce fut un *tolle* dans tout le West-End.

» La longue barbe de ces étrangers excita un étonnement général, et le *Punch* traduisit à coups de crayon, en des caricatures exposées aux vitres des magasins de Hay-Market, les épigrammes de ses compatriotes rasés. D'où viennent ces gens barbus? disaient les belles dames. Sont-ce des Scythes ou des Français? Sont-ils nés sur les rives du lac Aral ou sur les bords de la Seine?

» Aujourd'hui, métamorphose complète; les jeunes Anglais, ceux qu'on voit caracoler entre deux heures et quatre heures dans l'aristocratique allée de Rothen-Row, à côté des *misses* et des ladies, ont des barbes d'une longueur fabuleuse et qui semblent postiches, tant leurs proportions sont exagérées.

» L'imitation succéda presque aussitôt à l'étonnement chez nos voisins; Londres nous prit nos barbes, et c'est ainsi que le résultat le plus immédiat de la première exposition universelle fut la révolution des visages britanniques.

» Quelques puritains protestèrent contre l'envahissement de cette mode continentale, et le révérend docteur Cumming, qui a pris l'habitude de prédire tous les six mois la fin prochaine du monde, vit un nouveau signe des temps dans cette floraison inattendue du menton anglo-saxon. Le fait est que, quelques années plus tard, les gardiens sévères des vieux principes se confiaient à l'oreille des choses extraordinaires. On avait vu s'élever dans les environs de Regent's-Park de petites maisons très-élégantes habitées par de belles jeunes filles venues on ne sait d'où, sans argent ni recommandations, et qui menaient l'existence à grandes guides des familles les plus opulentes. A elles les plus riches voitures attelées à la Daumont, les toilettes les plus fraîches, les chevaux les plus fringants.

» Et ces créatures avaient leur loge au théâtre de Sa Majesté ou à Covent-Garden, et elles se montraient non moins fières et quelquefois plus belles que les ladies dans cette allée d'Hyde-Park, où l'on voit passer les plus illustres blasons de la Grande-Bretagne. Évidemment la vieille Angleterre avait perdu la rigidité des mœurs antiques. Regent's-Park devenait un quartier maudit, un Bréda londonien, l'abomination et la désolation. Il n'était plus possible de fermer les yeux à l'évidence; le demi-monde, cette peste du continent, avait franchi le détroit.

» Alors ce fut un déchaînement dans les conversations, dans les livres, sur le théâtre et jusque dans la chaire. On tonna de toutes parts contre les *pretty horsebreakers*, qui causaient un grave préjudice non-seulement à la bourse des *gentlemen*, mais encore aux lois les plus sacrées de la famille. Un écrivain, pour complaire à l'aristocratie, fit une pièce intitulée : la *Plainte de Belgrave*, et la représentation de cette comédie, où les mères de famille venaient se plaindre de ne pouvoir plus marier leurs filles par suite de la multiplication toujours croissante des *pretty horsebreakers*, s'éleva presque à la hauteur d'un événement national : trente fois de suite le plaidoyer moral fut applaudi. La *Plainte de Belgrave* eut à Londres, toute proportion gardée, le succès du *Demi-Monde* à Paris; mais, comme le *Demi-Monde*, cette comédie vertueuse ne fit que consacrer l'institution qu'elle prétendait détruire. Les *pretty horsebreakers* mises en relief par ce débordement d'attaques, ne furent que plus avidement recherchées, et leur triomphe définitif portait une atteinte considérable à la *respectability*, ce mot et cette chose qui ont tant d'importance dans les trois royaumes.

» Il y a vingt ans un gentleman eût été rayé de la liste des gens respectables s'il eût été soupçonné d'entretenir des relations suivies avec une femme qui n'eût pas été la sienne. Londres ne connaissait pas encore cet arrondissement vague, interlope, qui a toujours existé à Paris. Les jeunes gens du monde se mariaient de bonne heure, ou, s'ils persistaient dans la voie scélérate du célibat, ils ne donnaient aucune prise à la médisance. Ils observaient avec le plus grand soin toutes les prescriptions de la *respectability* tant qu'ils étaient dans leur pays;

ais comme le diable ne perd jamais ses droits, .itait le continent qui devenait annuellement le ı éâtre de leurs galantes fredaines.

» Après la saison de Londres, c'est-à-dire vers la l ı de juin, tout gentleman se doit à lui-même de *ire son tour*. On donnait à une miss légère ren-·z-vous à Paris, à Bruxelles ou sur les bords du ıhin. Chacun partait de son côté, et ces deux cœurs ɛunis pour trois mois mangeaient une lune de liel extra légale à la barbe de l'étranger, qui ne ·ouvait trop admirer la bonne harmonie et les ten-ɛresses délicates de ces jolis ménages britanniques. ɛuand le tour était fait, le gentleman se collait sur · visage un masque rigide en débarquant à Dou-:res, et eût-il fait le diable à quatre pendant son voyage, eût-il, ainsi que cela est arrivé assez sou-:ent, présenté comme sa femme dans d'honorables ımilles et même dans certaines cours une femme ııi n'était parfois qu'une maîtresse de rencontre, łotre homme était le plus respectable des hommes. ĺ'Angleterre n'avait pas le plus petit mot à dire.

» Eh bien! ce masque, ce faux nez de la *respec-ıbility* que tout bon Anglais se croyait oblige de ıorter autrefois comme un hommage à la suscepti-ılité puritaine de son pays, les jeunes Londonniens ɛ'aujourd'hui l'ont déchiré et en ont jeté au vent ɛs morceaux. Les aventures de voyage, les courses ımoureuses à l'étranger ne leur suffisent plus. Les *pretty horsebreaker* ont pris la corde, et dans l'a-ristocratique hippodrome du parc, quand on voit ıasser comme un éclair une de ces dames empor-ıée sur un cheval de dix mille francs, on peut être ûr que tout le monde sait à qui elle appartient. Comme dans les autres pays tant maudits du con-tinent, ces femmes sont devenues un des luxes de ıa classe riche. Avant peu de temps, la *respecta-bility* qui ne permettait pas ces liaisons il y a dix ıns, consistera pour un jeune homme à la mode à ıvoir une *pretty horsebreaker* en titre. Il n'aura ıpas fallu plus de dix années pour que le mot le plus ısolennel de la langue anglaise soit si profondément ımodifié.

» Si des classes riches nous descendons dans les classes populaires, un autre fait se présente, qui est également tout nouveau à Londres.

» Cette grande ville a dans tous ses quartiers une foule de tavernes où l'on pénètre moyennant un schelling, depuis qu'on a cru devoir ajouter l'attrait du spectacle à l'attrait de l'ale et du porter, qui se paye en sus.

» Ces tavernes innombrables rappelleraient nos cafés chantants, si dans l'intervalle d'un chant à un autre on ne régalait le spectateur d'un divertissement qui n'est point admis chez nous.

» Or, de tous les divertissements les plus suivis, les plus vivants à Londres, ce sont les tableaux.

» Je ne parle pas, bien entendu, de ces toiles ou de ces panneaux qu'on suspend dans les musées; je parle de ces poses plastiques, mythologiques et anacréontiques que l'on appelle *tableaux vivants*.

» Partout où vous irez dans Leicester square ou dans le Strand, dans le West-End ou dans la Cité, vous verrez tourner, — ombres palpables, — Diane et Endymion, Mars et Vénus, Atalante au jardin des Hespérides, le jugement de Pâris et les trois Grâces, telles qu'elles apparurent aux regards ravis des immortels en ces temps naïfs où l'on n'avait point encore inventé la crinoline.

» Le peuple de Londres me paraît très-friand de ces sortes de spectacles... décolletés.

» Ces représentations commencèrent, je crois, il y a cinq ou six ans à peine, dans Leicester square, puis de là se répandirent dans les autres quartiers et se multiplièrent un peu partout.

» Si nous avions chez nous de telles exhibitions, je suppose que nos voisins se récrieraient un peu et pousseraient même de formidables *shokings!*

» Je me hâte d'ajouter qu'on rencontre rarement dans ces tavernes nocturnes un homme bien élevé, ce que l'on appelle à Londres un gentleman. L'assistance laisse en général beaucoup à désirer sous le rapport de la tenue; mais il est assez difficile pour un étranger de la définir, dans ce pays où l'habit noir est le vêtement universel et où le mendiant porte un chapeau rond comme tout le monde.

» On dirait, en effet, que le peuple n'existe pour ainsi dire pas dans cette immense ville de Londres et qu'elle est exclusivement habitée par des nobles et des bourgeois. Uniformité de costumes, d'habitudes, de manières, de visages: l'ouvrier, le marchand l'oisif, entrent dans le même public house, gardent la même attitude silencieuse et ne se distinguent à la première vue par aucune différence. Dépouillez de sa livrée le domestique d'un lord, et rien ne vous empêchera de le prendre au premier abord pour le lord lui-même. Il a l'attitude un peu raide, l'air froid de son maître; tous les Anglais semblent avoir été taillés sur le même patron, et je me demande s'il existe véritablement deux types bien distincts dans toute l'étendue de la Grande-Bretagne.

» Il me semble que c'est là la vraie raison pour laquelle Londres nous paraît triste, à nous autres Français.

» Quand on se promène dans les rues, au milieu de cette foule d'omnibus et de voitures, à travers cette population qui encombre les squares, les ponts, les promenades, on ne se rend pas compte au premier abord pourquoi tout ce qui frappe la vue, équipages splendides, magasins étincelants, édifices et public, a un aspect un peu terne; ce n'est qu'en cherchant à résoudre ce singulier problème qu'on découvre que ce qui fait Londres si monotone, en dehors de sa sphère industrielle et commerciale, c'est l'absence du populaire, de ce populaire qui est partout à Paris, qui égaye les rues et les places, les jardins publics et les boulevards, qui s'asseoit à nos théâtres, se mêle à toutes nos cérémonies et domine dans toutes nos fêtes.. »



A propos de l'Exposition de Londres, le *Times* fait les réflexions suivantes, sous forme de conseils, à ses compatriotes :

« Pour beaucoup de nos compatriotes, une affluence considérable d'étrangers est exactement la même chose que l'arrivée d'un grand banc de maquereaux ou de jeunes baleines; tout ce qu'ils croient devoir faire est de sortir avec des bateaux, des filets, des harpons et des couteaux pour s'assurer de cette riche aubaine. Il en est d'autres chez qui la nationalité insulaire se manifeste sous une forme différente. Pour eux, tout étranger est un sauvage ou un insensé, sa tournure est ridicule, sa mise bizarre, et son droit de mettre le pied sur le sol anglais très-contestable.

» Que pouvons-nous faire pour atténuer les difficultés et les ennuis que nous nous sommes créés et qui prennent naissance dans notre caractère jaloux et exclusif? La plus simple civilité peut faire beaucoup. Quand un étranger demande sa route pour Leicester Square ou Soho Square ou pour l'Exhibition, prenez un peu plus de peine pour lui donner des explications, afin de lui faciliter sa route, qui ne lui est pas tout à fait aussi familière qu'à vous. Si vous voyez un Français discuter avec un cocher au milieu d'une foule, offrez vos services comme interprète et cherchez un policeman.

» Si, muni d'une lettre d'introduction, un étranger dont vous n'avez jamais entendu parler se présente chez vous, entretenez-le et donnez-lui quelques renseignements, quand même vous ne supposeriez pas que c'est un ange déguisé en homme; très-probablement vous n'en êtes pas un vous-même! Si chacun y met un peu du sien, il ne sera pas bien difficile à la métropole de remplir les devoirs de l'hospitalité envers une centaine de mille d'étrangers. Les corps publics, de même que ceux qui ont le contrôle des expositions, des galeries publiques, des églises et d'autres édifices publics, peuvent faire plus encore. Les étrangers ne voient rien de si utile que de simples manuels exempts de détails sans intérêt. Pour la grande majorité, le temps est de l'argent, et quand à l'argent même, ils n'en ont pas beaucoup. A mesure qu'une nation avance, son cercle doit s'élargir. »

## Le Palais de Cristal de Sydenham

Le Palais de Kensington, où a lieu l'exposition nouvelle, ne doit pas faire oublier un autre palais destiné à remplir un grand rôle dans les solennités industrielles qui marqueront l'année 1862.

Le Palais de Cristal de Sydenham n'est pas un rival à dédaigner, car il renferme non-seulement les objets les plus remarquables de l'exposition de 1851, mais encore des œuvres d'art considérables.

Près de 600 personnes sont employées quotidiennement dans ce palais à l'entretien des machines, des objets exposés, et des immenses richesses accumulées dans ce palais.

Le palais de Sydenham n'aura guère moins de visiteurs que le palais nouveau, et il sera plus favorable aux études que ce dernier, à cause du choix judicieux des objets curieux et instructifs qu'il contient.

Ce palais est situé à quelques milles de Londres, dans une contrée accidentée et pittoresque. Il est très-visité; on y reçoit des centaines de mille de visiteurs; cette année, on les comptera par millions.

La musique, qui sera un des plus grands attraits du Palais de Kensington, ne sera pas d'un moindre intérêt à Sydenham, et le Festival de Handel aura un grand retentissement.

Toutes sortes de constructions nouvelles viennent embellir ce magnifique endroit, dont bien des descriptions ont pu faire ressortir les beautés, mais dont la vue seule peut donner une véritable idée.

# CHEMINS DE FER ANGLAIS

**South Western Railway** (Sud-Ouest).
(*Waterloo Station*).

Londres. — Salisbury. — Southampton. — Poole. Dorchester à Weymouth.
Southampton à Portsmouth.
Portsmouth. — Gosport à Salisbury.
Ce chemin de fer a des départs toutes les heures sur les stations suivantes : Kew, Richmond et Windsor.

**London et Brighton Railway.**
(*London Bridge Station*).

Londres. — Reigate. — Brighton. — Newhaven Hastings.
Brighton. — Chichester à Portsmouth.

**South Eastern Rail** (Sud-Est).
(*London Bridge Station*).

Londres. — Reigate. — Readaig. — Canterbury. Deal. — Tamsgate. — Margate. — Folkestone à Douvres.
De Londres à Greenwich, départ tous les quarts d'heure.

**Great Western Railway** (*Paddington Station*).
Londres. — Colchester à Ipswich.

**Eastern Counties** (*Bishopsgate Station*).

Londres. — Reading. — Oxford. — Warwick. — Birmingham. — Chippenham. — Bath. — Bristol. — Bridgewater à Exeter.
Exter. — Totmess à Plymouth.

**Eastern Counties** (Comtés de l'Est).
(*Bishopsgate Station*).

Londres. — Cambridge. — Ely. — Norwich. — Lowestoff à Yarmouth.
Cambridge à Bury.

**Midland Railwal** (Centre) *Enston Square Station*.

Londres. — Oxford. — Rugby. — Leicester. — Derby. — Chesterfield. — Sheffield. — Doncaster. Hull. — York. — Scarborough. — Durham. — Newcastle. — Berwick à Edimbourg.

**North Western Railwal** (Nord-Ouest).
(*Enston Square Station*).

Londres. — Rugby. — Coventry. — Birmingham. — Stafford. — Shrewsbury. — Crewe. — Reeds. — Manchester. — Chester. — Holyead. — Liverpool. — Preston. — Pleetwood. — Lancaster. — Carlisle. — Edimburgh. — Glascow. — Perth à Aberdeen.

## QUELQUES MOTS LES PLUS USITÉS POUR LES FRANÇAIS A LONDRES

Prononcez A comme E — EA et EE comme I — ER comme EUR — OA comme O — IN comme INNE — U et W comme OU — TH comme

Lundi, *monday*. — Mardi, *tuesday*. — Mercredi, *wednesday*. — Jeudi, *thursday*. — Vendredi, *friday*. — Samedi, *saturday*. — Dimanche, *sunday*. — Hier, *yesterday*. — Avant-hier, *the day before yesterday*. — Aujourd'hui, *to-day*. — Demain, *to morrow*. — Ce matin, *this morning*. — Ce soir, *this evening*. — Cette nuit, *to night*. — Heure, *o'clock*. — Un, *one*. — Deux, *two*. — Trois, *three*. — Quatre, *four*. — Cinq, *five*. — Six, *six*. — Sept, *seven*. — Huit, *eight*. — Neuf, *nine*. — Dix, *ten*. — Chemin de fer, *railway*. — Débarcadère, *terminus*. — Bateau à vapeur, *steam-boat*. — Pont, *bridge*. — Rue, *street*. — Petite rue, *lane*. — Maison, *house*. — Jardin, *garden*. — Eglise, *church*. — Ecole, *scholl*. — Marché, *market*. — Bassins, *docks*. — Casernes, *barracks*. — Allumettes chimiques, *lucifer matches*. — Papier à lettre, *letter paper*. — Plumes, *steel-pens*. — Chapeau, *hat*. — Souliers, *shoes*. — Gilet, *waistcoat*. — Paletot, *great coat*. — Pantalon, *pair of trowsers*. — Chemise, *shirt*. — Faux-col, *false shirt collar*. — Bas, *stockings*. — Conduisez-moi à? *drie me to*. — Bonjour, *good morning*. — Bonsoir, *good evening*. — Bonne nuit, *good night*. — Comment vous portez-vous? *how do you do?* — Merci, *thank you*.—Je suis Français, *I am a Frenchman*. — Je ne comprends pas, *I do not understan[d]* — Combien, *how much*. — Trop cher, *is too dea[r]* — A demain, *till to morrow*. — Donnez-moi? *gi[ve] me?* — Avez-vous? *have you?* — Voici mon adress[e] *here is my address*. — Le chemin pour aller à *which is the way to*. — Journaux français, *Fren[ch] papers*. — Timbre-poste, *penn-stamp*. — Suive[z-]moi, *come with me*. — Du feu, *a light*. — Garçon *waiter?* — Déjeuner, *break fast*. — Dîner, *dinne[r]* — S'il vous plaît, *if you please*. — Donnez-mo[i] *give me some*. — Avez-vous, *have you*. — Pai[n] *bread*. — Serviette, *napkin*. — Vin, *wine*. — Verr[e] *glass*. — Eau, *water*. — Sel, *salt*. — Poivre, *pep[per]*. — Moutarde, *mustard*. — Huilier, *oil-crue[t]* Bière, *beer*. — Eau de seltz, *soda-water*. — Potag[e] *soup*. — Bouillon, *broth*. — Radis, *radishes*. — Sa[lade], *salad*. — Œuf, *boiled*. — Veau, *veal*. — Mou[tton], *mutton*. — Pommes de terre, *potatoes*. — Poi[sson], *fish*. — Crevettes, *prawns*. — Huîtres, *oyster[s]* — Légumes, *vegetables*. — Haricots, *beaus*. — Pe[tits] pois, *geen peas*. — Salade, *salad*. — Dessert *dessert's*. — Fromage, *cheese*. — Poires, *pears*. — Pommes, *apples*. — Raisin, *grapes*. — Noix, *walnuts*. — Cocher, je vous prends à l'heure, *coachman I wish to take you by the hour*.

**Monnaies anglaises.**

| | | | | | |
|---|---|---|---|---|---|
| *O.* — Guinée.......... | 21 shillings.. | vaut | 26f 25 | | |
| Demi-guinée..... | 10 sh. 6 pen. | — | 13 | 12 | |
| Livre sterl.-souv.. | 20 shillings.. | — | 25 | » | |
| Demi-souverain.. | 10 — | — | 12 | 50 | |
| *Argent.* — Couronne.... | 5 shillings.. | vaut | 6f 25 | | |
| Demi-couronne... | 2 sh. 6 pen. | — | 3 | 12 | |
| Shilling............. | 12 pen. | — | 1 | 25 | |
| Demi-shilling.......... | 6 pen. | — | » | 62 | |
| *Cuivre.* — Penny ou denier.......... | | — | » | 10 | |
| Demi-penny.................. | | — | » | 05 | |

# MALADIES DE POITRINE

**Amélioration du SANG**

Objet d'un Mémoire à l'Institut de France, le seul *pectoral* HÉMOSTATIQUE, qui, pris à l'intérieur, n'occasionne aucun dérangement des voies digestives; ordonnée par les plus éminents médecins de tous pays contre les **maladies de Poitrine, d'Estomac** et **du Sang**, *pertes, hémorragies, hémorroïdes, diarrhées et flux*, faiblesse, souffrance et **dépérissement de l'organisme.** — Flacon, **5 fr.**

## SOIE ÉLECTRIQUE DOLORIFUGE LÉCHELLE

Honorée d'un rapport favorable de l'Académie de médecine de Paris, conseillée contre les **rhumatismes, lombagos, sciatiques, gouttes, névralgies** et autres DOULEURS et faiblesses articulaires. — Rouleau, **3 fr.**

*On la porte en gilets, caleçons et ceintures*

Bien se méfier des contrefaçons

## PHARMACIE LÉCHELLE

A PARIS

**RUE LAMARTINE, 35**

DÉPOTS A LONDRES

E. PEREAU, 11, Moorgate street E. C. (apply by letter), et dans les PHARMACIES QUI TIENNENT LES PRODUITS FRANÇAIS.

*Exiger, comme garantie, la marque de fabrique ci-contre :*

# Institut Médical

**ÉLECTROPATHIQUE**

Fondé par J. T. GUÉRIN

Membre de l'Académie nationale.

## TRAITEMENT SPÉCIAL DES MALADIES D'OREILLES

SURDITÉ, BOURDONNEMENTS, ETC.

ET DES MALADIES D'YEUX

**Taies, Amauroses**

Guérison rapide et garantie des **CATARACTES** par la dissolution

DOCTEUR VIVIEN DIRECTEUR

**69, boulevard de Strasbourg, 69**

**PARIS**

*Consultations tous les jours de 10 à 4 heures*

EXCEPTÉ LE DIMANCHE

**Traitement par correspondance.**

## Taffetas Marinier

Au Baume du Commandeur et à l'Arnica

ÉPIDERME FACTICE POUR GUÉRIR SANS CICATRICE

Les coupures, brûlures, écorchures et toutes les plaies en général

Le mètre, 3 fr.; la pièce 50 c.

27, rue de Grammont, 27.

**GUÉRIN - CROSNIER**

CHEMISIER DES ÉTRANGERS.

**BROSSE ÉLECTRIQUE**

Beauté et conservation des Dents. Cette *brosse* utilise le tartre et les sucs salivaires, rend l'émail et l'éclat, guérit carie, névralgie, 3 fr. — Coloration graduée pour les blonds par la *Belcolor*, 5 fr.; instantanée pour les bruns par l'*Electrochrome* 5 fr. — Beauté du teint. *Diamyrrhe* blanc sans mercure ni plomb, 5 fr.

*Gros, detail.* (*Affr.*)

Paris, Mme SORA, 9, b. des Italiens, entresol. — St-Pétersbourg, m. Duchon. — Turin, Mondo, v. del'Ospédale, 5. — Madrid, m. Saavedra.

MÉDAILLES D'ARGENT EXPOSITIONS 1849 ET 1851

# VARICES.

BAS SANS COUTURES ÉLASTIQUES EN TOUS SENS

MAISON FLAMET Jne

FONDATEUR DE CETTE INDUSTRIE EN 1836

## CEINTURES

ÉLASTIQUES EN CAOUTCHOUC POUR DAMES ENCEINTES

FLAMET FILS, SUCCESSEUR.

143, RUE ST MARTIN, PARIS.

PARIS. — IMPRIMERIE ÉDOUARD BLOT, RUE SAINT-LOUIS, 46

# PARIS & LONDRES

## ILLUSTRÉS

Paris est divisé en 20 arrondissements, qui portent les dénominations suivantes :

1. Du Louvre;
2. De la Bourse;
3. Du Temple;
4. De l'Hôtel-de-Ville;
5. Du Panthéon;
6. Du Luxembourg;
7. Du Palais-Bourbon;
8. De l'Elysée;
9. De l'Opéra;
10. De l'Enclos-Saint-Laurent;
11. De Popincourt;
12. De Reuilly.
13. Des Gobelins;
14. De l'Observatoire;
15. De Vaugirard;
16. De Passy;
17. De Batignolles-Monceaux;
18. Des Buttes-Montmartre.
19. Des Buttes-Chaumont.
20. De Ménilmontant.

L'administration générale de la correspondance télégraphique est située rue de Grenelle-Saint-Germain, 103. Les bureaux divers sont : Hôtel-de-Ville; caserne du Prince-Eugène; rue St.-Lazare, 126; Bd Sébastopol (R. G.), 47; av. des Ch.-Elysées, 67; rue de l'Entrepôt; rue J-J. Rousseau, 9; gares du Nord et d'Orléans; Hotel du Louvre.

La direction des postes est rue J.-J. Rousseau, 9. Les divers bureaux sont : A. Rue Tirechappe, 1; Hôtel-de-Ville; rue Saint-Antoine, 170; rue de la Ste-Chapelle, 15. — B. Bd Beaumarchais, 95; Faub. St-Antoine, 174; bd Mazas, 19. — C. Rue des Vieilles-Audriettes, 4 et 6; rue d'Ang.-du-Temple, 48; rue Nve-Bourg-l'Abbé, 4; bd St-Martin, 6. — D. Rue Ste-Cécile, 2; rue du Fb-St-Martin, 166; rue Lafayette, 8; gare du Nord. — E. Rue de Sèze, 21; rue du Fb-St-Honoré, 75; rue de Chaillot, 3. — F. Rue St-Dominique-St-Germain, 56; Petite-Rue duBac, 3; rue St-Dominique, 148 (au Gros-Caillou). — G. Rue de Seine, 13; rue Mazarine, 12 et 14. — H. Rue Cardinal-Lemoine, 22; à la Salpêtrière, bd de l'Hôpital; rue Mouffetard, 173; rue de la Harpe, 42; à la gare d'Orléans. — J. Place de la Bourse, 4; rue d'Antin, 9. — K. Rue Bourdaloue, 51; rue St-Nicolas-d'Antin, 8; rue de Londres, 50. — L. Rue de Vaugirard, 19; rue de Bourgogne, 2. — M. Rue de l'Echelle, 5.

# Exposition de Londres. — Chemins de Fer de l'Ouest.

*GARE SAINT-LAZARE.*

## SERVICE A GRANDE VITESSE

# PARIS A LONDRES

Par **DIEPPE** et **NEWHAVEN**. Trains spéciaux de marée.

**DÉPARTS TOUS LES MATINS (LE DIMANCHE EXCEPTÉ)**

VOYAGE SIMPLE : 1^re^ cl., 35 fr.; 2^e^ cl., 25 fr. — ALLER ET RETOUR : 1^re^ cl., 62 fr. 50 c.; 2^e^ cl. 45 fr.

— 3^me^ CLASSE, 18 fr. 75 c. — 3^me^ CLASSE, 37 fr. 50 c.

Les Billets sont valables pour tous les Trains, avec arrêt facultatif à ROUEN, DIEPPE et NEWHAVEN. Sept jours sont accordés pour accomplir le trajet entre Paris et Londres. — Les Billets ALLER et RETOUR sont valables pendant un mois.

**A PARIS** { Gare St Lazare, rue d'Amsterdam, 13. / Place du Palais-Royal, 2. / Rue de la Paix, 7.

**A LONDRES** { 4, Arthur street East City. / London Bridge Terminus. / Victoria Station.

**A DIEPPE**, quai Henri IV, bureau des Paquebots. | **A NEWHAVEN**, quai des Paquebots.

Service de nuit, départs tous les soirs, le Dimanche excepté (1re, 2me et 3me classe).

## DURÉE MOYENNE DU VOYAGE : 12 HEURES.

***Juillet***. Service de LONDRES à PARIS.

| DATES. | DÉPART de PARIS. | DÉPART de DIEPPE. | ARRIVÉE à LONDRES | DURÉE du VOYAGE. |
|---|---|---|---|---|
| | H. M. | H. M. | H. M. | H. M. |
| 1 Mardi. . . | 6 45mat. | 10 45 jou | 6 15 soir | 11 30 |
| 2 Mercredi. | 6 45 — | 10 45 — | 6 15 — | 11 30 |
| 3 Jeudi. . . . | 7 50 — | 11 50 — | 7 25 — | 11 35 |
| 4 Vendredi. | 9 » — | 1 » soir | 8 30 — | 11 30 |
| 5 Samedi . . | 9 » — | 1 » — | 8 30 — | 11 30 |
| 7 Lundi . . . | 11 50 — | 3 50 — | 11 10 — | 11 20 |
| 8 Mardi. . . . | 11 50 — | 4 20 — | 11 40 — | 11 30 |
| 9 Mercredi. | 6 45 — | 12 45mat. | 7 35 — | 11 30 |
| 10 Jeudi. . . . | 7 50 — | 12 » jour | 8 30 — | 11 20 |
| 11 Vendredi. | 9 » — | 1 » soir | 9 30 — | 12 50 |
| 12 Samedi. . | 9 50 — | 1 50 — | 10 20 — | 12 50 |
| 14 Lundi. . . . | 6 45 — | 10 45mat. | 6 15 — | 12 40 |
| 15 Mardi. . . . | 6 45 — | 10 45 — | 6 15 — | 12 30 |
| 16 Mercredi. | 6 45 — | 10 45 — | 6 15 — | 11 30 |
| 17 Jeudi. . . . | 7 50 — | 11 50 — | 7 10 — | 11 30 |
| 18 Vendredi. | 8 25 — | 12 25 jour | 7 55 — | 11 30 |
| 19 Samedi. . | 9 » — | 1 » soir | 8 30 — | 11 30 |
| 21 Lundi . . . | 11 50 — | 3 50 — | 11 10 — | 11 30 |
| 22 Mardi. . . . | 11 50 — | 4 30 — | 11 50 — | 11 20 |
| 23 Mercredi. | 6 45 — | 10 45mat. | 7 35 — | 12 30 |
| 24 Jeudi . . . | 7 50 — | 12 » jour | 8 30 — | 12 30 |
| 25 Vendredi. | 8 25 — | 12 25 — | 9 20 — | 11 » |
| 26 Samedi . . | 9 » — | 1 » soir | 9 45 — | 12 50 |
| 28 Lundi . . . | 10 25 — | 2 25 — | 10 50 — | 12 40 |
| 29 Mardi. . . . | 10 25 — | 2 25mat. | 11 20 — | 12 50 |
| 30 Mercredi. | 6 45 — | » » | 6 15 | 12 45 |
| 31 Jeudi . . . | 6 45 — | » » | 6 15 | 12 25 |

***Juillet***. Service de PARIS à LONDRES.

| DATES. | DÉPART de LONDRES | DÉPART de DIEPPE. | ARRIVÉE à PARIS. | DURÉE du VOYAGE. |
|---|---|---|---|---|
| | H. M. | H. M. | H. M. | H. M. |
| 1 Mardi. . . . | 7 55mat. | 3 50 soir | 7 30 soir | 11 35 |
| 2 Mercredi. . | 8 30 — | 4 35 — | 8 15 — | 11 45 |
| 3 Jeudi. . . . | 9 20 — | 5 20 — | 9 » — | 11 40 |
| 4 Vendredi. | 10 20 — | 6 10 — | 9 50 — | 11 30 |
| 5 Samedi. . . | 10 55 jour | 6 40 — | 10 20 — | 11 25 |
| 7 Lundi. . . . | 1 » — | 8 40 — | 12 20 nuit | 11 20 |
| 8 Mardi. . . . | 8 30mat. | 5 20 — | 9 » soir | 12 30 |
| 9 Mercredi. | 9 20 — | 6 10 — | 9 50 — | 12 30 |
| 10 Jeudi. . . . | 10 35 — | 7 30 — | 11 20 nuit | 12 45 |
| 11 Vendredi. | 11 40 — | 8 40 — | 12 20 soir | 12 40 |
| 12 Samedi . . | 6 25 — | 2 50 — | 6 30 — | 12 05 |
| 14 Lundi . . . | 7 55 — | 3 50 — | 7 30 — | 11 45 |
| 15 Mardi. . . . | 7 55 — | 3 50 — | 7 30 — | 11 45 |
| 16 Mercredi. | 8 30 — | 4 35 — | 8 15 — | 11 45 |
| 17 Jeudi. . . . | 9 20 — | 5 20 — | 9 » — | 11 40 |
| 18 Vendredi. | 10 20 — | 6 10 — | 9 50 — | 11 30 |
| 19 Samedi . . | 11 55 jour | 6 40 — | 10 20 — | 11 20 |
| 21 Lundi . . . | 7 20mat. | 4 35 — | 8 15 — | 11 55 |
| 22 Mardi. . . . | 8 30 — | 5 20 — | 9 » — | 11 30 |
| 23 Mercredi. | 9 45 — | 6 40 — | 10 20 — | 12 20 |
| 24 Jeudi. . . . | 10 35 — | 4 30 — | 11 20 — | 12 05 |
| 25 Vendredi. | 11 10 — | 8 » — | 12 » — | 12 50 |
| 20 Samedi . . | 11 40 — | 8 40 — | 12 20 — | 12 40 |
| 28 Lundi. . . . | 6 25 — | 2 50 — | 6 30 — | 12 05 |
| 29 Mardi. . . . | 7 » — | 2 50 — | 6 30 — | 12 30 |
| 30 Mercredi. | 7 55 — | 3 50 — | 7 30 — | 12 35 |
| 31 Jeudi. . . . | 7 55 — | 3 50 — | 7 30 — | 11 55 |

# LONDRES HOTEL DE PARIS ET DE LYON 35, *Essex street (Strand)*, 35 HOTEL FRANÇAIS

## MAISON DE L'ESCALIER DE CRISTAL

— PARIS —

# LAHOCHE et PANNIER

***(Paris) 162 à 164, Palais-Royal (Galerie Valois)***

**MANUFACTURE SPÉCIALE DE PORCELAINES ET CRISTAUX POUR SERVICES DE TABLE**

(Six médailles : Londres, New-York, Paris). Exposition à Londres n° 3338 (Classe 35).

## CHEMIN DE FER DE L'OUEST

**PARIS A LONDRES**

(JUILLET)

**Par le Hâvre et Southampton.**

Les départs de Paris des 7, 9, 11, 21, 23 et 25, à 1 heure du soir, arrivent à Londres à 9 heures 45 m. du matin. — Ceux des 14, 16, 18, 28 et 30, à 6 heures du soir, arrivent à 11 heures du matin.

Les départs de Londres des 9, 11, 14, 23, 25 et 28, de 8 heures 30 m. du soir, arrivent à Paris à 6 heures 20 m. — Ceux des 16, 18, 21, à 3 heures du soir, arrivent à 1 heure.

Trajet en 8 heures, dont 3 de rivière.

Les départs du Havre par la Tamise ont lieu à midi, les 2 et 16, et à 8 heures, les 9 et 23.

## CHEMIN DE FER DU NORD

**PARIS A LONDRES**

(JUILLET)

**Par Calais, Douvres, Canterbury et Chatham.**

TRAVERSÉE MARITIME EN 1 H. 3/4.

Première Classe, **67** fr. **85** cent. — Deuxième Classe, **51** fr. **20** cent.

Les départs de Paris des 6, 7, 8, 12, 13, 14, 15, 16, 17, 18, 19, 20, 21, 22, 26, 27, 28, 29, 30 et 31, à 9 heures 50 m. du matin, arrivent à Londres à 8 heures 20 m. du soir.

Les départs de Paris des 9, 10, 23 et 24, à 11 heures 25 m. du matin, arrivent à Londres à 10 heures 5 m. du soir. — Ceux des 11 et 25, de 1 heure 15 m. du soir, arrivent à 11 heures 50 m.

De Londres à Paris, tous les jours à 9 heures 15 m. du matin, arrive à Douvres à 11 heures 45 m.; à Calais, à 2 heures 25 m.; et à Paris, à 8 heures 10 du soir.

**PARIS A LONDRES**

**Par Boulogne et Folkestone.**

DEUX DÉPARTS PAR JOUR (Voir page 45).

**PARIS A LONDRES**

**Par Boulogne et la Tamise.**

SERVICE JOURNALIER A HEURES VARIABLES PAR TRAINS SPÉCIAUX DE 1re, 2e et 3e classe.

**Voyage à prix réduits.** — Première classe, première chambre, 31 fr. 25 c.; deuxième classe, deuxième chambre, 22 fr. 50 c.; troisième classe, deuxième chambre, 18 fr. 75 c.

**Aller et Retour.** — Première classe, première chambre, 62 fr. 50 c.; Deuxième classe, deuxième chambre, 45 fr.; troisième classe, deuxième chambre, 37 fr. 50 c.

NOTA. — Les bagages sont enregistrés directement de **Paris à Londres.**

**DUNKERQUE A LONDRES.**

DÉPARTS DE JOUR ET AUTRES.

Le 6, à 6 heures du matin; le 8, à 10 heures du soir; le 10, à 11 heures; le 12, à 11 heures 55 m.; le 16, à 3 heures du matin; le 18, à 4 heures; le 20, à 6 heures; le 22, à 10 heures du soir; le 24, à 11 heures; le 26, à 11 heures 55 m.; le 30, à 2 heures du matin. — Le retour de Londres s'effectue aux mêmes heures.

## PETIT COURRIER DE BADE

Depuis l'ouverture de la saison, il est arrivé à Bade 12,500 personnes. Parmi les étrangers nous citerons:

Du 24 juin. Le baron de Nyvenheim, chambellan de S. M. le roi des Pays-Bas; le comte Wenkheim et la comtesse Hunyady, Hongrie; le comte de Bonfils, Pont-Saint-Vincent.

Du 25. Le comte Walewsky, Varsovie; le comte d'Estampes, le comte de Belbeuf et le marquis de Vinchiaturo, de Paris; le baron de Haller, de Berlin; le baron de Steherbinin, Carlsruhe; M. Paul Malézieux, Paris.

Du 26. Le comte de Caradjà, Grèce; le comte de Bon, Toulouse; M. Alexis de Jevreinoff, conseiller d'Etat, Russie; M. Jasycoff, lieut.-général, Angleterre.

Du 27. Le marquis de Cario, Vienne; le baron de Lavasseur et le marquis de Conegliano, Paris; le marquis César de Volpa, Naples; le baron d'Engelhardt, Saint-Pétersbourg.

Du 28. M. Guanaura, consul général, Grèce; la comtesse di San Martine, Italie; M. de Neufville de Bavaret, Caen.

Du 29. Le baron de Brinicken, Russie; le baron de Blittersdorf, Francfort s/M; le comte Thurn, Autriche; M. le docteur Chelius, Heidelberg.

Du 30. Le baron de Mérignac, Dijon; M. de Greskow, chambellan, Berlin; M. le lieutenant-général de Bittenfeld, Mayence; M. Berryer, avocat et député, Paris; la comtesse de Schouwaloff, St-Pétersbourg.

Du 1er juillet. M. le général Waters, Angleterre; M. Georgery, secrétaire d'ambassade, Paris; le comte de Stainlein, Munich; le comte de Waldstein, Londres; le comte de Beroldingen, lieutenant-général, Stuttgart.

Du 2. Le comte de Dowgiatti, Pologne; le baron de Stolzenberg, Bonn; le comte Théodore Orloff Denissoff, adjudant-général de S. M. l'empereur de Russie; la comtesse Lucini Passalacqua, Milan; le baron d'Eglofstein, Stuttgart; le baron et la baronne de Mauléon, Toulouse; le marquis de Nattes et la baronne d'Eston, Montpellier; le baron d'Arthuys, Angers; le baron de Becdelièvre, Nantes; M. de la Ville Baugé, Orléans; le comte l'Archer, Epinal; le comte de Solms, Vienne; le comte de Saint-Maurice, Paris; le baron de Narowitzky, Russie; le comte de Waldstein-Wartenberg.

— Le 28 juin, S. M. le roi de Wurtemberg s'est rendue à Wildbad pour y prendre les eaux.

— Le prince Louis de Darmstadt et ses parents, le prince et la princesse Charles sont partis pour l'Angleterre le 25 juin.

— LL. AA. II. le grand-duc Michel de Russie, la grande-duchesse Olga et leur fils, le grand-duc Nicolas, sont arrivés à Carlsruhe le 30 juin, à deux heures de l'après-midi. S. A. R. le grand-duc de Bade les a reçus à la gare, et LL. AA. II. ont été conduites au palais de S. A. R. la grande-duchesse douairière Sophie, où les attendaient LL. AA. RR. la grande duchesse Louise et le prince héritier de Bade.

La famille grand-ducale de Russie restera pendant plusieurs semaines à Carlsruhe, et le grand-duc Michel, désirant y conserver le plus strict *incognito*, s'est soustrait à toute espèce de réception officielle.

— S. M. la reine de Wurtemberg, S. A. R. la princesse Frédérique de Wurtemberg et leurs suites ont quitté Rippoldsau le 30 juin pour retourner à Stuttgart. S. M. et S. A. ont passé quatre semaines dans la ravissante vallée de la Wolf.

*Bade, 3 juillet.* Lundi prochain aura lieu un concert dans les salons de la Maison de Conversation, au profit de l'église protestante, en voie de construction, à Bade. Outre l'orchestre du théâtre de Mannheim, sous la direction de M. *Vincent Lachner*, on entendra mesdames *Nieman-Seebach*, *Orwil*, *Heermann*; MM. *Hiller*, maître de chapelle de Cologne, *Coszmann* et *Heermann*. Ces noms promettent une soirée des plus brillantes.

Mademoiselle Heermann est élève du harpiste Godefroy, et son frère, M. Heermann, est violoniste, lauréat de Bruxelles. Ces deux jeunes artistes ont eu déjà un succès légitime et d'autant plus méritoire que, tout jeunes encore, ils avaient à lutter de talent avec des vétérans de l'art.

— A bientôt des détails sur le *Théâtre international*, qui s'ouvrira à Bade au mois d'août.

— Pour les chasseurs, M. Bénazet, l'impresario-magicien de la Conversation, a fait lâcher quarante têtes de daims dans le bois de la plaine; — pour les pêcheurs, il a acquis tout le cours de l'Oos, depuis Bade jusqu'à Géroldsau; — pour les sportmen, trente-cinq chevaux sont engagés à la course de Saint-Léger continental, dont vingt-sept français, six allemands et deux italiens; les écuries les mieux représentées comptent, celle de M. F. de Lagrange six, et celle de M. le duc de Morny quatre coureurs.

# GUIDE DU TOURISTE

## AUX VILLES DE BAINS DE MER ET STATIONS THERMALES.

Depuis que le bien-être s'est à peu près généralisé en France; depuis que l'aisance, provenant de la division des fortunes, de l'accroissement de l'industrie et du commerce, s'est répandue dans toutes les classes; depuis surtout que les voyages sont devenus rapides, commodes, *maintenant qu'avant de faire cent lieues on ne fait plus son testament*, et qu'il n'y a plus de distance, les villes de bains et les eaux minérales ont vu affluer de toute part les Malades et les Touristes.

La science, voulant savoir au juste la valeur de l'engouement de la mode pour ces sortes de voyages, a examiné avec soin la composition des différentes sources minérales, et on a vu les eaux de toutes les natures analysées par la chimie, et leurs effets thérapeutiques observés et recueillis avec soin par les médecins les plus distingués.

Le gouvernement ou la spéculation ont bien vite doté d'établissements utiles et magnifiques les localités où la nature s'était montrée généreuse dispensatrice de sources.

Notre cadre ne nous permettant pas d'entrer dans des détails d'analyse, ni dans les avantages médicaux de chaque établissement, nous tiendrons seulement nos lecteurs au courant de tout ce que les gens du monde doivent savoir pour choisir, suivant la nécessité ou le caprice, L'ENDROIT OU ILS DOIVENT SE RENDRE, ainsi que les hôtels où doivent descendre de préférence les Touristes et les Malades. Suivons par ordre alphabétique :

AIX-EN-PROVENCE. Ligne de Marseille. Stat. de Rognac. En 18 h. — AIX-EN-SAVOIE. Par Mâcon, Bourg, Culoz et Aix. En 14 h. — ALET (Aude). Le 1er juin. — ALLEVARD (Isère). Par Lyon, St-Rambert, Grenoble. En 14 h. Voit. de Grenoble en 5 h. — AMÉLIE-LES-BAINS. Par Lyon, Tarascon, Cette, Narbonne, Perpignan. En 26 h. Voit. de Perpignan en 4 h. — AMPHION-EN-SAVOIE. Par Mâcon, Culoz et Genève. En 14 h. Voit. de Genève en 6 h. — AVÈNE. Par Lyon, Tarascon, Cette, Béziers, Bédarieux. En 25 h. Voit. de Bédarieux en 4 h.

BAGNÈRES-DE-BIGORRE. Ligne de Perpignan. En 19 h. Casino dirigé par M. Max-Mayer. Bals, concerts et théâtres, dirigés par M. Hermant. — BAGNÈRES-DE-LUCHON. Ligne du Midi, par Tarbes. En 25 h. Vaste établissement parfaitement installé, renfermant toutes les modes balnéaires usitées jusqu'à ce jour. — BAGNOLES, PAR COUTERNE (Orne). Bretagne. En 7 h. 15. Voit. par Couterne en 5 h. — BALARUC. Par Lyon, Tarascon, Cette. En 20 h. Voit. de Cette en 1 h. — BRIDES-EN-SAVOIE. Par Mâcon, Bourg, Culoz, Aix, Chambéry et Chamousset. En 15 h. 1/2.

CAMBO-LES-BAINS. Ligne de Bayonne. En 25 h. Ouverture du 1er avril au 30 nov. Eaux sulfureuse et ferrugineuse. — CAMPAGNE (Aude). Ouverture le 1er juin. — CELLES (Ardèche). Par Lyon et Valence. En 15 h. 1/2. Voit. de Valence en 1 h. 1/2. — CHALLES-EN-SAVOIE. Par Mâcon, Bourg, Culoz, Aix, Chambéry. En 14 h. — CONTREXEVILLE (Vosges). Sources déclarées d'intérêt public par décret impérial. — CUSSET (Allier). Etablissement de Ste-Marie. Ouverture du 15 mai au 25 sept.

DIVONNE (Ain). Ligne de Genève. En 14 h. 1/2. Etablissement hydrothérapique fondé en 1847 par le docteur Vidal.

ENGHIEN. Trains de banlieue à toutes les heures Vallée de Montmorency. Trajet en 20 m. — EUGÉNIE-LES-BAINS. Par Âné (Landes). Hydrotherme Dubalen. — EUZET. Par Lyon, Tarascon, Nîmes et Alais. En 19 h. 1/2. — ÉVIAN-EN-SAVOIE. Par Mâcon, Culoz et Genève. En 14 h. 1/2. Voit. de Genève. Source Cochat, située au grand Hôtel des Bains.

FORGES-LES-BAINS (Seine-Inférieure). Ligne de Rouen. En 2 h. 40 m. Voit. de Rouen en 5 h. — FORGES-LES-BAINS (Seine-et-Oise). Par Limours. Mme veuve Courty, directrice.

GRÉOULX (Basses-Alpes). Ligne de Marseille. Stat. de Rognac. Voit. d'Aix en 4 h. Trajet en 18 h. 1/2.

LA MALOU (Hérault). Par Lyon, Cette, Bédarieux. En 25 h. Voit. de Bédarieux en 40 m. — LA MOTTE-LES-BAINS (Isère). Ligne de Grenoble. Voit. de Grenoble en 3 h. Trajet en 17 h. — LA PRESTE (Pyrénées-Orientales). Ligne de Perpignan. Trajet en 26 h. Voit. de Perpignan en 8 h.

MARLIOZ-EN-SAVOIE. Par Mâcon, Bourg, Culoz et Aix. En 14 h. Le seul établissement thermal de ce genre qui existe en Europe. — MARTOUR, PRÈS DIÉ (Drôme). Etablissement thermal résineux, dirigé par le docteur Benoît. Ouverture de la saison du 1er juin au 1er oct. — MIERS, PAR GRAMAT (Lot). Inspection du gouvernement. Ce purgatif, le plus doux qu'on connaisse, ne trouve d'équivalent qu'en Autriche, source du Sprudel Carlsbad. — MOLITZ (Pyrénées-Orientales). Par Lyon, Tarascon, Cette, Narbonne, Perpignan. En 26 h. — MONT-DORE (Puy-de-Dôme). M. E. Brosson, concessionnaire. Ouverture de la saison des bains du 15 juin au 15 septembre.

NEYRAC (Ardèche). Par Lyon et Valence. En 15 h. 1/2. Voit. par Aubenas.

OLETTE (Pyrénées-Orientales). Ligne de Perpignan. Voit. de Perpignan en 7 h. Trajet en 33 h.

PIERREFONDS. Ligne de Saint-Quentin. Stat. de Compiègne. Trajet en 4 h. Corresp. en 1 h. 1/2. — PLOMBIÈRES. Ligne de Strasbourg. Stat. d'Épinal. Trajet en 10 h. Voit. en 3 h. L'installation balnéaire du bain Napoléon présente tous les perfectionnements de l'hydrothérapie minérale. — POUGUES-LES-EAUX (Nièvre). Stat. de la ligne du Bourbonnais. Trajet en 5 h. Saison du 15 mai au 15 octobre.

RENNES (Aude). Ouverture du 1er juin au 15 sept. — ROYAT. (Puy-de-Dôme). Saison du 1er juin au 15 septembre.

SAINT-ALBAN-PRÈS ROANNE (Loire). Eaux bicarbonatées, sodiques et ferrugineuses. — SAINT-GALMIER. Eaux minérales, naturelles et gazeuses. — SAINT-GENIS LAVAL. (Rhône). Etablissement hydrothérapique du château de Longchêne, dirigé par le docteur Gillebert Hercourt. — SAINT-GERVAIS-EN-SAVOIE. Eaux thermales sulfurées, salines, alcalines. Ligne de Genève. Trajet en 26 h. Ouverture le 1er juin. — SAINT-SEINE (Côte-d'Or). Ligne de Lyon. Stat. de Blaisy. Trajet en 7 h. 1/2. Magnifique établissement hydrothérapique. — SALINS (Jura). Chemin de fer de Lyon. Trajet en 9 h. La scrofule trouve dans les eaux de Salins les puissantes ressources qui étaient restées jusqu'à présent le privilége des eaux d'Allemagne. — SCHINZNACH EN SUISSE. Du 11 mai au 16 septembre. S'adresser au docteur A. Hermann. — SCHWALHEIM. Chemin de fer de Francfort-sur-le-Mein. En 20 h. Eau minérale gazeuse, digestive, tonique et reconstitutive. — SERIN, PRÈS LYON. Etabl. hydrothérapique, dirigé par le docteur Macario, chevalier de l'ordre des Sts-Maurice et Lazare. — SILVANES (Aveyron). Par Lyon, Cette et Bédarieux. Trajet en 25 h. Voit. par Lodève en 5 h. — SOULTZMATT-LES-BAINS (Haut-Rhin). Ligne de Mulhouse. Trajet en 12 h. Cet établissement, créé depuis 10 ans, appartient à M. Nessel.

URIAGE, PRÈS GRENOBLE (Isère). En 15 h. Situé dans la plus belle partie du Dauphiné, l'établissement d'Uriage a donné l'année dernière 61,457 bains et douches. — USSAT (Ariége). Du 1er juin au 30 oct.

VALS (Ardèche). Par Lyon et Valence. Trajet en 15 h. 1/2. Voit. par Privas en 4 h. — VAQUERAS-MONTMIRAIL. Par Lyon, Valence, Orange. Stat. de Courthezon. Trajet en 24 h. — VITTEL (Vosges). La saison des bains et des douches commence le 1er juin.

### DES BAINS DE MER.

Les *Bains de mer*, dont l'usage ne remonte qu'au commencement de ce siècle, ont aujourd'hui la même réputation et la même vogue que les bains d'eau minérales. Du reste, beaucoup de personnes vont aux bains de mer, moins pour s'y baigner que pour respirer l'air si pur et si vivifiant de nos plages.

AMBLETEUSE. Ouverture le 1er juin. Par Amiens et Abbeville jusqu'à Boulogne. Corresp. en 1 h. — ARCACHON. Établissement de M. LEGALLAIS, fondé en 1823. Au centre de la ville.

BERCK. Ouverture le 1er juin. Ligne de Boulogne-sur-Mer. Stat. de Montreuil-Verton. — Trajet en 4 h. 30 m. — BEUZEVAL. Chemin de fer du Havre. Stat. de Pont-l'Evêque. Trajet en 5 h. 20 m. — BOULOGNE-SUR-MER. Par Amiens et Abbeville. Trajet en 5 h. 1/2 par express. — BOURG D'AULT. Par Amiens et Abbeville jusqu'à Saint-Valery. Trajet en 4 h. 25.

CALAIS. Par Lille. Trajet en 6 h. 10 m. par express. — CABOURG-DIVES. Ch. de fer de Caen. En 6 h. Voit. de Caen en 2 h. 1/2. — CAYEUX. Par Amiens et Abbeville jusqu'à Saint-Valéry. Trajet en 4 h. 25 m. — CROISIC. Ch. de fer d'Orléans. Ligne de St-Nazaire. En 13 h. 1/2. — CROTOY. Par Amiens et Abbeville. Stat. de Rue. En 4 h. 25 m.

DIEPPE. Ch. de fer du Havre. En 5 h. — DUNKERQUE. Par Lille et Hazebrouck. En 6 h. 1/2 par express.

ETRETAT. Ch. de fer du Havre. En 5 h. jusqu'à Fécamp.

FÉCAMP. Ch. de fer du Havre. En 5 h.

HAVRE. Magnifique Casino de Frascati. En 5 h. 15 m.

LANGRUNE. Ch. de fer de Caen. En 6 h. De Caen, en voit., en 2 h. — LION. Ch. de fer de Caen. En 6 h. De Caen, en voit., en 2 h. — LUC, PRÈS CAEN. Ch. de fer de Caen. En 6 h. De Caen, en voit., en 2 h.

PORNIC. Ch. de fer d'Orléans. Stat. de Donges. En 12 h. Voit. de Donges en 4 h. 1/2. — POULIGNEN. Ch. de fer d'Orléans. Stat. de Donges. En 12 h. Voit. de Donges en 4 h. 1/2.

ROYAN. Ch. de fer de Bordeaux. Ouverture le 1er juin.

SABLES D'OLONNE. Ch. de fer de Nantes. En 10 h. Voit. de Nantes en 9 h. — SAINT-AMAND. Ligne de Bruxelles. Stat. de Valenciennes. En 6 h. — SAINTE-ADRESSE. Ch. de fer du Havre. En 5 h. 1/2. Voit. du Havre en 30 m. — SAINT-MALO. Ch. de fer de Rennes. En 9 h. 25 m. Voit. de Rennes en 7 h. — SAINT-VALERY-EN-CAUX. Ch. de fer du Havre. Stat. de Motteville. En 3 h. 45 m. Voit. de Motteville en 3 h. — SAINT-VALERY-SUR-SOMME. Par Amiens et Abbeville. Stat. de Noyelles. En 4 h. 25 m.

TRÉPORT. Ch de fer de Dieppe. En 5 h. Voit. de Dieppe en 3 h. — TROUVILLE. Ch. de fer du Havre. Stat. de Pont-l'Evêque. En 5 h. 20 m.

VERNET. Ch. de fer de Perpignan. Voit. de Perpignan en 8 h. — VILLERS. Ch. de fer du Havre. Stat. de Pontl'Evêque. En 5 h. 20 m.

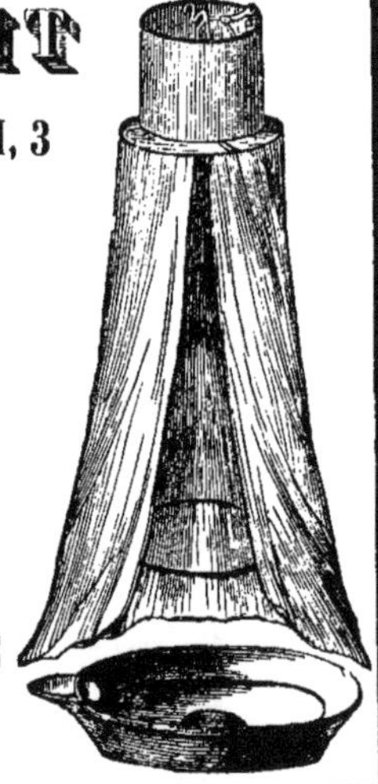



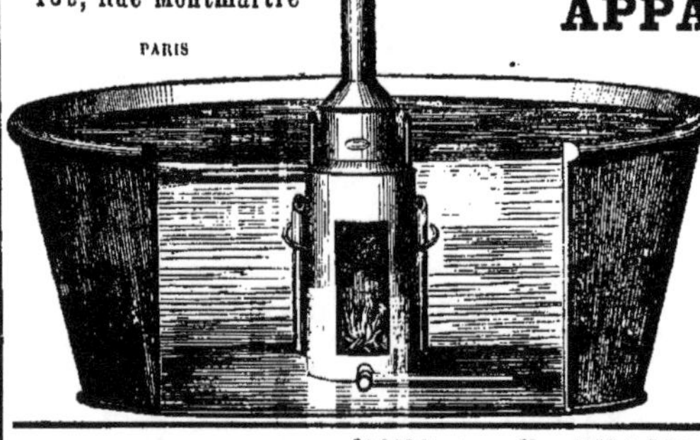



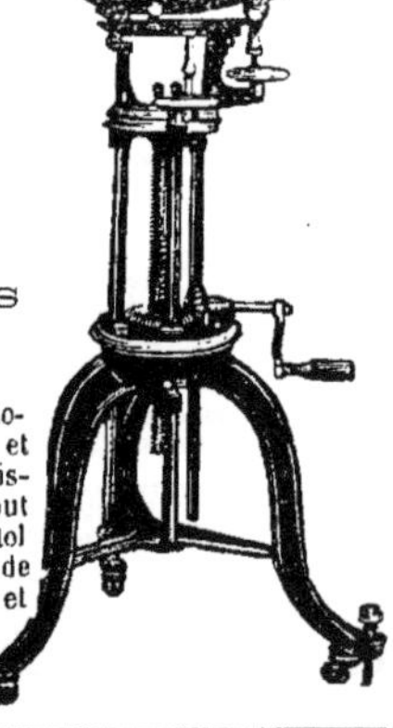

# CHEMINS DE FER ANGLAIS

**South Western Railway** (Sud-Ouest).

(*Waterloo Station*).

Londres. — Salisbury. — Southampton. — Poole. Dorchester à Weymouth.

Southampton à Portsmouth.

Portsmouth. — Gosport à Salisbury.

Le chemin de fer a des départs toutes les heures pour les stations suivantes : Kew, Richmond et Windsor.

**London et Brighton Railway.**

(*London Bridge Station*).

Londres. — Reigate. — Brighton. — Newhaven Hastings.

Brighton. — Chichester à Portsmouth.

**South Eastern Rail** (Sud-Est).

(*London Bridge Station*).

Londres. — Reigate. — Readaig. — Canterbury. Deal. — Tamsgate. — Margate. — Folkestone à Havres.

De Londres à Greenwich, départ tous les quarts d'heure.

**Great Western Railway** (*Paddington Station*).

Londres. — Colchester à Ipswich.

**Eastern Counties** (*Bishopsgate Station*).

Londres. — Reading. — Oxford. — Warwick. — Birmingham. — Chippenham. — Bath. — Bristol. — Bridgewater à Exeter.

Exter. — Totness à Plymouth.

**Eastern Counties** (Comtés de l'Est).

(*Bishopsgate Station*).

Londres. — Cambridge. — Ely. — Norwich. — Lowestoff à Yarmouth.

Cambridge à Bury.

**Midland Railwal** (Centre) *Euston Square Station.*

Londres. — Oxford. — Rugby. — Leicester. — Derby. — Chesterfield. — Sheffield. — Doncaster. Hull. — York. — Scarborough. — Durham. — Newcastle. — Berwick à Edimbourg.

**North Western Railwal** (Nord-Ouest).

(*Euston Square Station*).

Londres. — Rugby. — Coventry. — Birmingham. — Stafford. — Shrewsbury. — Crewe. — Reeds. — Manchester. — Chester. — Holyead. — Liverpool. — Preston. — Fleetwood. — Lancaster. — Carlisle. — Edimburgh. — Glascow. — Perth à Aberdeen.

## QUELQUES MOTS LES PLUS USITÉS

### POUR LES FRANÇAIS A LONDRES

Prononcez A comme E — EA et EE comme I — ER comme EUR — OA comme O — IN comme INNE — U et W comme OU — TH comme Z.

Lundi, *monday.* — Mardi, *tuesday.* — Mercredi, *wednesday.* — Jeudi, *thursday.* — Vendredi, *friday.* — Samedi, *saturday.* — Dimanche, *sunday.* — Hier, *yesterday.* — Avant-hier, *the day before yesterday.* — Aujourd'hui, *to-day.* — Demain, *to morrow.* — Ce matin, *this morning.* — Ce soir, *this evening.* — Cette nuit, *to night.* — Heure, *o'clock.* — Un, *one.* — Deux, *two.* — Trois, *three.* — Quatre, *four.* — Cinq, *five.* — Six, *six.* — Sept, *seven.* — Huit, *eight.* — Neuf, *nine.* — Dix, *ten.* — Chemin de fer, *railway.* — Débarcadère, *terminus.* — Bateau à vapeur, *steam-boat.* — Pont, *bridge.* — Rue, *street.* — Petite rue, *lane.* — Maison, *house.* — Jardin, *garden.* — Eglise, *church.* — Ecole, *scholl.* — Marché, *market.* — Bassins, *docks.* — Casernes, *barracks.* — Allumettes chimiques, *lucifer matches.* — Papier à lettre, *letter paper.* — Plumes, *steel-pens.* — Chapeau, *hat.* — Souliers, *shoes.* — Gilet, *waistcoat.* — Paletot, *great coat.* — Pantalon, *pair of trowsers.* — Chemise, *shirt.* — Faux-col, *false shirt collar.* — Bas, *stockings.* — Conduisez-moi à? *drie me to.* — Bonjour, *good morning.* — Bonsoir, *good evening.* — Bonne nuit, *good night.* — Comment vous portez-vous ? *how do you do ?* — Merci, *thank you.*—Je suis Français, *I am a Frenchman.* — Je ne comprends pas, *I do not understand.* — Combien, *how much.* — Trop cher, *is too dear.* — A demain, *till to morrow.* — Donnez-moi? *give me ?* — Avez-vous? *have you ?* — Voici mon adresse, *here is my address.* — Le chemin pour aller à ? *which is the way to.* — Journaux français, *French papers.* — Timbre-poste, *penn-stamp.* — Suivez-moi, *come with me.* — Du feu, *a light.* — Garçon? *waiter ?* — Déjeuner, *break fast.* — Diner, *dinner.* — S'il vous plaît, *if you please.* — Donnez-moi, *give me some.* — Avez-vous, *have you.* — Pain, *bread.* — Serviette, *napkin.* — Vin, *wine.* — Verre, *glass.* — Eau, *water.* — Sel, *salt.* — Poivre, *pepper.* — Moutarde, *mustard.* — Huilier, *oil-cruet.* Bière, *beer.* — Eau de seltz, *soda-water.* — Potage, *soup.* — Bouillon, *broth.* — Radis, *radishes.* — Salade, *salad.* — Œuf, *boiled.* — Veau, *veal.* — Mouton, *mutton.* — Pommes de terre, *potatoes.* — Poisson, *fish.* — Crevettes, *prawns.* — Huîtres, *oysters.* — Légumes, *vegetables.* — Haricots, *beans.* — Petits pois, *geen peas.* — Salade, *salad.* — Dessert, *dessert's.* — Fromage, *cheese.* — Poires, *pears.* — Pommes, *apples.* — Raisin, *grapes.* — Noix, *walnuts.* — Cocher, je vous prends à l'heure, *coachman, I wish to take you by the hour.*

PARIS. — IMPRIMERIE ÉDOUARD BLOT, RUE SAINT-LOUIS, 46.

www.ingramcontent.com/pod-product-compliance
Ingram Content Group UK Ltd.
Pitfield, Milton Keynes, MK11 3LW, UK
UKHW020938180726
13838UKWH00003B/1027